AGRANDISSEMENTS CONSIDÉRABLES.

AU

TAPIS-ROUGE

ANCIENNE MAISON

FONDÉE EN 1784

Rue du Faubourg-Saint-Martin, 67 et 69

PARIS.

LA MAISON DU **TAPIS-ROUGE** S'EST TOUJOURS INTERDIT L'ANNONCE MENSONGÈRE.

Donner mieux qu'elle ne promet, **telle est sa devise!**

De tout visiteur se faire un client, **tel est son but !**

CATALOGUE OFFICIEL

DE TOUTES LES MARCHANDISES.

GRANDS MAGASINS

DE

NOUVEAUTÉS.

VÊTEMENTS D'HOMMES ET DE JEUNES GENS.

Spécialité pour Vêtements d'Enfants.

AU

TAPIS-ROUGE

Rue du Faubourg-Saint-Martin, 67 et 69

PARIS.

SAISON D'HIVER
[1864]

PARIS

IMPRIMERIE CENTRALE DES CHEMINS DE FER

DE NAPOLÉON CHAIX ET

Rue Bergère, 20, près du boulevard Montmartre

1864

AVIS UTILE.

LUNDI 3 OCTOBRE, *ouverture des nouvelles Galeries et brillante Exposition de toutes les Nouveautés de la saison d'hiver.*

Par suite des AGRANDISSEMENTS CONSIDÉRABLES *que nous venons d'exécuter dans nos Magasins, d'immenses quantités de Marchandises nouvelles et fraîches seront mises en vente, à partir de ce jour, à un* bon marché *sans précedent.*

AVIS IMPORTANT.

Toute demande au-dessus de vingt-cinq francs *est expédiée* franco, *contre remboursement, dans toute la France, quelque indirect qu'en soit le parcours.*

Les retours de Marchandises doivent nous parvenir franco.

Les articles expédiés en échange ne seront pas affranchis, à moins que l'échange excède 25 francs.

Pour l'Algérie, envoi franco *jusqu'à Marseille pour toute demande au-dessus de 25 francs.*

NOTA.

Sur lettres affranchies, nous expédions *franco*, en France et en Algérie, des échantillons et un catalogue officiel de toutes nos Marchandises.

Nous tenons à la disposition des Dames qui nous en feront la demande, un catalogue spécial renfermant les gravures de Confections nouveauté de notre Maison, avec les explications des formes et des garnitures.

RENSEIGNEMENTS INDISPENSABLES.

Afin de rendre facile la recherche des objets sur lesquels on veut se renseigner, nous avons divisé ce Catalogue en douze parties ou comptoirs. Il suffira donc de se reporter à la page indiquée dans la table ci-dessous pour trouver les principaux articles contenus à ce comptoir.

COMPTOIR

DE

TISSUS UNIS ET FANTAISIE.

Ce Comptoir est le plus important de la maison. Le renouvellement continuel de ses marchandises et l'activité croissante de sa vente nous permettent d'offrir à chaque moment des **affaires nouvelles** à des prix extrêmement avantageux.

LAINAGES UNIS.

Ce Comptoir est l'objet de soins tout exceptionnels ; la **robe unie** devant être une robe d'usage, nous n'offrons, malgré des prix extrêmement bas, que des étoffes des premières fabriques.

Reps moulinés chinés.

Reps mouliné, très-fort..	0 95
— supérieur, à 1 fr. 25 c. et.	1 45
— très-bonne qualité, à 1 fr. 75 c. et.	1 95
— extra-fort, largeur $0^m,80$	2 25
Reps de Berlin, très-brillant, à 2 fr. 45 c. et. . .	2 75

Reps et Cretonnes de couleurs unis.

Reps uni de couleur, à 1 fr. 45 c. et.	1 75

Une AFFAIRE EXCEPTIONNELLE de **Reps** unis,
belle qualité. . .   1 95

Reps uni, toutes nuances, largr 0m,80, qualité extra
à 2 fr. 25 c. et.   2 75

Cretonne unie, toutes nuances, à 1 fr. 45 et. . . .   1 75

—   —   supérieure. . . .   1 95

EXCEPTIONNEL : **Cretonne** pacha, largeur 0m,80c. .   2 25

Popelines unies, laine et soie.

Popeline laine et soie, couleur, largeur 0m,75. .   2 95

EXCEPTIONNEL : **Popeline**, belle qualité, 0m,80. . .   3 90

Popeline de Paris, qualité extra, à 4 fr. 75 c. et.   5 50

Magnifique **Popeline** d'Irlande à 6 fr. 75 c. et. . .   7 75

Popelines et Biarritz pure laine.

Popeline pure laine, toutes nuances, largr 0m,80   2 95

Une AFFAIRE EXCEPTIONNELLE de **Biarritz**, largr
0m,80, qualité réelle de 6 fr., à 3 90

Popeline laine mérinos, qualité très-fine, largr
0m,80 . . . .   4 75

Biarritz extra, toutes nuances, largr 0m,80 . . .   5 75

Mérinos de couleur.

Mérinos pure laine, largr 0m,90, bonne qualité. .   2 45

—   —   qualité supérieure   2 95

—   largr 1 mètre, belle qualité .   3 60

200 Pièces beau **Mérinos** Cachemire, largr 1m,
4 fr. 25 c. et. 5 90

AFFAIRE IMPORTANTE de **Mérinos** extra, largr
1m,20, valant 9 fr., à 6 90

Cachemires de couleur.

300 Pièces **Cachemire**, Magenta, ponceau, Solférino, violet des Alpes, bleu azuline, bleu de ciel, bleu Napoléon, gris mode, perle, Havane, rose de Chine, etc., larg^r 0^m,80, au prix exceptionnel de 2 95

Assortiment complet de toutes les nuances, larg^r 0^m,80, qualité supérieure 3 90

Cachemire d'Écosse extra, toutes nuances, 4 fr. 75 c. et. 5 50

Magnifique Cachemire, larg^r 1^m,20, nuances très-variées 6 75

ÉTOFFES DE LAINE NOIRE.

Ce Comptoir se recommande par sa grande *variété d'étoffes* et par la qualité garantie de toutes ses marchandises.

Orléans noirs.

Orléans noir, qualité ordinaire. . . . . » 95

— qualité supérieure, 1 fr. 10 c. et. . 1 25

— demi-lustre, bonne qualité. 1 40

AFFAIRE HORS LIGNE : **Orléans**, qualité extra, larg^r 0^m,80, 1 fr. 75 c. et. 1 90

Orléans, double chaîne, usage parfait, larg^r 0^m,80. . . . . 2 25

Alpagas anglais noirs.

Une AFFAIRE EXCEPTIONNELLE d'Alpaga noir très-brillant 1 95

Alpaga, qualité souple et très-brillant 2 25
AFFAIRE IMPORTANTE d'Alpaga soyeux, d'une valeur
    réelle de 4 fr. et 5 fr. à 2 fr. 60 c. et 2 95
Alpaga-Mohair, plus brillant que la soie, 3 fr. 50 c.
    et 3 90

Cretonnes noires.

Cretonne noire, tissu très-fort, 1 fr. 45 c. et . .   1 75
   —   —   —   qualité sup^{re}, 1 fr. 95 c. et   2 25
EXCEPTIONNEL : Cretonne double chaîne, article d'un
                usage parfait à 2 f. 75 c.   2 95
         —   pacha, qualité extra . . .   3 50

Reps noirs.

Reps noir, qualité ordinaire 1 25
   —   —   supérieure. 1 45
   —   —   très-forte. 1 75
HORS LIGNE : Reps fort et brillant, larg^r 0^m,80,
             qualité de 2 f. 50 c. et 3 f.
             à 1 fr. 95 c. et 2 25
      —   double chaîne, larg^r 0^m,80, de
             2 fr. 75 c. et 2 95
      —   qualité extra, larg^r 0^m,80 de
             3 fr. 50 c. et 3 75

Parisienne noire (étoffe pure laine).

Parisienne noire :
     Larg^r 0^m,80, étoffe mate, 2 fr. 25 c. et   2 45
          —   qualité sup^r. 2 95
Une AFFAIRE IMPORTANTE de Parisienne extra, va-
    lant au cours 5 fr. et 5 fr. 50 c. à 3 fr. 50 c. et   4 »

Cachemires d'Écosse noirs.

Cachemire d'Écosse noir, pure laine, larg^r 0^m,80.   1 95
—   —   supérieur, 2 fr. 25 c. et.   2 45
Un lot de **Cachemire** d'Écosse, qualité fine, larg^r 0^m,80, valeur réelle, 4 fr. et 4 fr. 50 c., à 2 fr. 90 c. et   3 40
Cachemire d'Écosse, noir anglais, extra-fin. . . .   3 90
—   qualité extra, valant au cours 6 fr. et 7 fr., à 4 fr. 50 c. et   5 »

Popelines et Biarritz noirs.

Popeline noire, pure laine :
     Larg^r 0^m,80, bonne qualité. 2 45
     —   qualité supérieure, 2 fr. 95 c. et   3 50
Biarritz noir, pure laine :
     Larg^r 0^m,80, belle qualité. 3 75
     —   qualité extra, robe d'usage. .   4 75
Popeline impériale noire, pure laine, larg^r 0^m,85.   5 90

Mérinos noirs.

Mérinos noir, pure laine, larg^r 0^m,90. . . . . . .   2 25
AFFAIRE HORS LIGNE en **Mérinos** noir, pure laine, larg^r 0^m,90, qualité de 3 fr. 50 c., à. . .   2 45
Mérinos, larg^r 1^m, belle qualité. 2 90
Mérinos noir, larg^r 1^m, qualité forte et fine . . .   3 50
—   anglais, larg^r 1^m, qualité très-fine.   3 90
Un lot de beau **Mérinos** cachemire noir, larg^r 1^m, à 4 fr. 75 c., 5 fr. 50 c. et 5 90
Mérinos noir, pure laine :
     Larg^r 1^m,20, 2 fr. 95 c. et 3 50
     —   qualité sup^{re} 4 fr. 50 c., 4 fr. 90 c. et   5 75
     —   extra fin, 6 fr. 50 c. et 7 75

Baréges et Grenadines noirs.

Barége noir, chaîne soie, larg^r 0^m,60 . . . .   » 95
— — — sup^r 1 fr. 25c.,
1 fr. 45 c., 1 fr. 75 c., et extra 2 25
Grenadine noire, chaîne soie, larg^r 0^m,60, affaire exc.   1 75
— — sup^r, à 1 fr. 95 c.,
2 fr. 25 c. et 2 95
Grenadine, chaîne double, larg^r 0^m,60, qualité extra   3 50

CHOIX CONSIDÉRABLE D'ÉTOFFES NOIRES, telles que : *Epinglé*, *Baarpoor*, *Vénitienne*, *Drap de veuve*, *Escot*, *Popeline chaîne soie*, *Satin de Chine* et *Chambord*, à des prix extrêmement réduits.

ÉTOFFES LAINE BLANCHES.

Alpagas et Mohairs.

Alpaga blanc, larg^r 0,^m80, très-brillant 2 25
— — très-soyeux. 2 95
— — qualité extra 3 90
Mohair blanc, — très-soyeux. 2 95
— — qualité extra. 3 90

Cachemires blancs.

Cachemire d'Écosse blanc, tout laine :
Larg^r 0^m,80 . . . .   2 95
— très-fin, 3 fr. 50 c. et 3 90
— extra-beau, 4 fr. 50 c. et . . . . . .   5 »
Larg^r 1^m,20, 4 fr. 75 c. et 5 90
— extra-fin, 6 fr. 75 et 7 50

Mér' inos blancs.

Mérinos blanc, tout lai' ,ne, largr 0m,90. . . . .   2 95
    —   —   — 1 mètre supérieur .   3 90

Mérinos, largr 1r ,20, belle qualité, 4 fr. 50 et .   5 »
  — cachemi ,re, largr 1 mètre, extra-fin. . . .   5 90
  —   —   1m,20, 4 fr. 50 c., 5 fr. 90 c.
           6 fr. 75 et extra . . .   7 75

ASSORTIM ENT COMPLET de popelines blanches et d'étoffes pour maria ge.

TI SSUS FANTAISIE, NOUVEAUTÉ.

Pour le s articles de FANTAISIE - NOUVEAUTÉ , nous engageon ; les dames, à la réception des échantillons, de ne pa s trop différer leur choix, car les affaires de fantaisie s'écoulant très-rapidement, elles pourraient ne plus avoir ce qu'elles auraient choisi.

500 pièce s cretonne à carreaux fond noir, belle
  qualité 1 25
Une AFFAI RE TRÈS-AVANTAGEUSE en cretonne, fond
  couleur, dispositions et couleurs nouvelles. . .   1 45
200 pièces popeline à filets, pure laine et soie,
  valeur réelle de 4 francs, à 2 45
Très-jolies popelines à carreaux, pure laine et soie,
  fond noir, valant 5 francs, à 2 95
2,000 pièces pacha (nouveauté), article d'un usage
  parfait, et très-joli, à 2 fr. 25 c., 2 f. 95 et extra.   3 75
Drap perlé d'Orient, étoffe chaîne soie, haute nouveauté de la saison, article vendu partout
  5 francs, à. 3 90

Une AFFAIRE EXCEPTIONNELLE de **popeline** d'Ir-
 lande, nouveauté, pure laine et soie, larg^r 0^m,80,
 valeur de 7 fr. 50 c. et 8 francs à 4 fr. 50 c. 4 90

Popeline grisaille, laine et soie, chinée, rayures et
 carreaux haute nouveauté, 4 fr. 50 c. et . . . 4 90

300 pièces **cretonne** à rayures et carreaux, fond
 noir à filets blancs, qualité de 2 fr. 50 c. à. . 1 45

CHOIX IMMENSE de **riches nouveautés** de la saison,
 depuis 5 fr. 90 c., 6 fr. 75 c. et 7 50

AFFAIRE HORS LIGNE :

300 pièces **cretonne** tramée pure laine, quadrillée,
 nouveauté de la saison . . . . » 85

Magnifique **popeline** impériale, laine et soie, nouveauté, valant 3 francs, à 1

Un SOLDE de magnifique **popeline** écossaise, pure
 laine, largeur 0^m,80, d'une valeur réelle de
 4 fr. 50 c., à 1 95

Cretonne à carreaux, nouveauté, étoffe d'usage. . 1 9

Une GRANDE AFFAIRE, **drap de France** pure laine,
 lisières blanches, articles pour robes, dans
 toutes les nuances, larg^r 0^m,80, d'une valeur
 réelle de 5 francs, à 2 45

Magnifique **popeline**, riche nouveauté 2 95

COMPTOIR DE SOIERIES.

Ce comptoir est aujourd'hui l'un des plus importants de la maison du TAPIS-ROUGE. Comment a-t-il atteint ce haut rang? En vendant *bon marché de bonnes étoffes!* Les soieries noires y sont principalement l'objet des soins les plus assidus, et, malgré la modicité de leur prix, toutes les marchandises sortent des premières fabriques.

SOIERIES NOIRES.

Taffetas noir, largeur 0^m,52, qualité courante. .		2 90
—	— bonne qualité . . .	3 60
—	largeur 0^m,63, qualité courante. .	3 90
—	— tout cui	4 90
—	— — 5 90 et extra	6 50
—	largeur 0^m,63, tout cuit, supérieur, 7 fr. 75 c., 8 fr. 50 c. et . . .	12 »
—	largeur 0^m,70, tout cuit, belle qualité	5 75
—	largeur 0^m,70, tout cuit, supérieur, 6 fr. 90 c. et	7 90
—	largeur 0^m,70, tout cuit, qualité extra, 8 fr. 50 c., 10 fr. et . .	12 »
—	largeur 0^m,80, tout cuit, qualité brillante, 4 fr. 90 c. et	5 90
—	largeur 0^m,80, tout cuit, très-belle qualité, 6 fr. 90 et	7 75
—	largeur 0^m,80, tout cuit, qualité supérieure, 8 fr. 75 c., 9 fr. 75 c. et	11 »

Taffetas noir largeur 0^m,80, tout cuit, qualité
      extra, 12 fr., 13 fr. 50 c. et . .   15 »

—   largeur 0^m,90, tout cuit, bonne
      qualité, 7 fr. 50 c. et 8 75

—   largeur 0^m,90, tout cuit, qualité
      extra, 9 fr. 75, 12 fr. 75 et . .   15 »

Moires antiques noires.

Moire antique noire, larg^r 0^m,70, bonne qualité .   6 90

—   —   belle qualité. .   8 50

—   —   qualité sup^{re}. .   9 75

—   —   qualité extra. .   12 »

—   largeur 0^m,90, qualité extra.   18 »

Faye noir.

Une AFFAIRE EXCEPTIONNELLE en **Faye** noir,
      largeur 0^m,63, 5 fr. 25 c. à . . . . , . .   5 90

Faye noir, largeur 0^m,63, qualité supérieure . .   6 75

—   —   qualité de 10 fr., à
      7 fr. 50 c. et . . .   8 »

Une GRANDE AFFAIRE en **Faye** noir, largeur 0^m,70,
      valant 9 fr., au prix exceptionnel de. 5 90

Faye noir, larg^r 0^m,70, qualité sup^{re}, 6 fr. 75 c. et   7 75

—   —   extra, gros grain, 9 fr. et   10 »

Drap de Lyon, lisières blanches.

Drap de Lyon, étoffe souple et brillante, largeur 0^m,63,
      valant au cours 7 fr., à 4 60

Drap de Lyon, largeur 0^m,63, qualité supérieure,
      5 fr. 75 c. et 6 90

rap de Lyon, larg^r 0^m,63, qualité extra, 7 fr. 50 et   8 50

Magnifiques Armures noires pour confections, largeur 0ᵐ,70, étoffe de 15 fr., à 9 75

Velours de Soie.

Velours de soie, bonne qualité, la robe par 12ᵐ. 78 »

Velours de soie, belle qualité, largeur 0ᵐ,52,
le mètre 7 fr. 75 c. et 8 75

Velours de soie, qualité supérieure, largr 0ᵐ,52,
le mètre 10 fr. et . . . . 11 »

Velours pure soie, bonne qualité, largeur 0ᵐ,52,
le mètre 12 fr. 50 c. et 13 75

Velours de soie, qualité supérieure, largr 0ᵐ,52,
le mètre 15 fr. et . . . . 16 »

Velours de soie, qualité extra, largeur 0ᵐ,52, le
mètre 18 fr., 22 fr. et . . . . 25 »

Velours tout soie, pour confections :

    Bonne qualité, largeur 0ᵐ,70, le mètre. . 19 »
    Qualité supérieure,   —   — . . 24 »
    Qualité extra,   —   — . . 28 »
    Bonne qualité, largeur 0ᵐ,80,   — . . 29 »
    Qualité supérieure,   —   — . . 35 »
    Qualité extra,   —   — . . 45 »

SOIERIES UNIES DE COULEUR.

AFFAIRE IMPORTANTE de Taffetas uni couleur :

    Largeur 0ᵐ,52, bonne qualité 4 50
         —   qualité supérieure 4 90
         —   extra. 5 75
    Largeur 0ᵐ,63, belle qualité 5 90
         —   qualité supérieure 6 75
         —   extra, 7 75, 8 90, 10 et 12 »

Moires antiques unies de couleur.

Moire antique en toutes nuances :
    Larg^r 0^m,70, bonne qualité.. . . . .   8 50
    —   qualité supérieure. 9 75
    —   extra. . . . .   12 »
    —   riche, 13 fr., 14 fr. et. . . .   15 »

Marcelines pour Édredons.

Marcelines toutes nuances :
    Largeur 1^m,20, qualité ordinaire. 9 25
    —   bonne qualité.. . . . . . .   9 75
    —   qualité supérieure . . . . .   11 »

Florences et Lustrines.

ASSORTIMENT COMPLET de Florences, toutes nuances :
    Largeur 0^m,40, qualité ordinaire 1 75
    —   belle qualité 1 95
    —   qualité supérieure. 2 25
CHOIX CONSIDÉRABLE de Lustrines noires :
    Largeur 0^m,45, qualité ordinaire 1 75
    —   belle qualité . . . .   2 »
    —   qualité extra. 2 25
    Largeur 0^m,60, qualité ordinaire 2 25
    —   belle qualité 2 75
    —   qualité extra 3 25
Une AFFAIRE IMPORTANTE de Foulards noirs pour
doublures, largeur 0^m,90 . . . .   4 90

SOIERIES-FANTAISIE.

Les soieries-**fantaisie** sout vendues à des bénéfices très-minimes, ce qui nous permet d'offrir ces marchandises à des prix *toujours très-avantageux*. Nous faisons aux dames, pour les soieries-fantaisie, la même recommandation que pour les lainages-fantaisie, vu le prompt écoulement de tous ces articles qui sont hors ligne.

Une GRANDE AFFAIRE de **Taffetas** quadrillé, tout cuit, qualité réelle de 4 fr. 50 c., à. 2 90

Gros d'Epsom quadrillé, fond noir, étoffe valant 6 fr. 3 90

Une AFFAIRE EXCEPTIONNELLE de **Gros d'Athènes**, haute nouveauté, valant 7 fr.. . . . . 4 75

Poult de soie, nouveauté, à 4 fr. 90 c. et 5 90

Pékin fond noir à rayures façonnées. 4 90

Haute nouveauté en **Faye** rayé et quadrillé.. . . 5 90

Magnifique **Poult** de soie, fond noir à carreaux blancs et couleur, étoffe très en vogue, larg^r 0^m,65. . 6 90

Magnifique **Moire** façonnée, petits motifs, étoffe réelle de 12 fr., largeur 0^m,70, à. 8 50

CHOIX IMMENSE de **Poult** de soie et **Faye** haute nouveauté, à 7 fr. 50 c. et. 8 50

BEAU CHOIX d'Etoffes riches en moire et haute fantaisie.

Les soieries-**fantaisie** se renouvelant et variant à l'infini, nous ne pouvons donner qu'un faible aperçu de tous les articles en ce genre que nous avons en magasin. Ces quelques prix sont destinés à renseigner les dames sur les grands avantages qu'elles peuvent rencontrer à la maison du TAPIS-ROUGE, pour leurs achats en soieries.

RAYON SPÉCIAL

de Foulards, Fichus et Cravates.

Une AFFAIRE CONSIDÉRABLE de Foulards soie,		
— — belle qualité. . . .		2 95
— — qualité supérieure.		3 90
— — extra.		4 90
Foulards Corah.		5 90
— — extra. . . . . , . . .		6 50
Une AFFAIRE EXCEPTIONNELLE de Foulards des Indes véritables pour la poche, à.		5 »
Foulards des Indes, la plus belle qualité, 8 fr. et		10 »
Broches-fantaisie, haute nouveauté, à 95 c. et . .		1 45
GRAND ASSORTIMENT de Demi-foulards pour le cou :		
— qualité ordinaire		1 75
— qualité supérieure.		95
— extra		2 25
AFFAIRE EXCEPTIONNELLE de Foulards de Chine. .		1 95
Foulards de Chine, belle qualité, largr 0m,63. . .		3 75
— qualité extra		4 75
RICHE CHOIX de Chinas blancs et Chinas couleur, servant aussi pour cache-nez :		
Chinas blancs, qualité ordinaire		2 90
— — supérieure, 3 fr. 90 c. et.		4 90
— — extra, 5 fr. 90 et		6 75
— — riche, 8 fr. 75 c. et . . .		10 »
Chinas couleur, qualité ordinaire, 2 fr. 25 c. et.		3 90
— supro et belles nuances, 4 fr. 90 c. et		5 75
— qualité riche, haute nouveauté,		7 75

AFFAIRE HORS LIGNE de **Foulards anglais**, haute nouveauté.

Foulards anglais, nouveauté, riches, à pois et à dispositions variées :

Belle qualité. 6 50

Qualité supérieure 6 75

Extra 7 50

CHOIX IMMENSE de **Foulards** sergés servant pour cachenez, belles nuances, unis et à bordures ;

Belle qualité. 5 90

Qualité supérieure 6 50

Extra, 7 fr. 50 c. et. 8 75

Cravates noires.

Cravates noires pour hommes, en taffetas et gros grain, dites *jeune France*, à 75 c., 1 fr. 25 c., 1 fr. 75 c. et   2 25

—   pour hommes, dites *Anguilles*, en taffetas, en gros grain et moire antique, à 95 c., 1 fr. 75 c., 2 fr. 25 c. et. 2 50

—   moscovites noires, à 2 francs, 2 fr. 25 c., 2 fr. 75 c. et . .   2 95

—   moscovites noires, en gros grain, qualité extra, 3 fr. 25 c. et. .   3 90

La Vallière noire, taffetas belle qualité, 2 fr. 75 c., 2 fr. 95 c., 3 fr. 50 c. et . .   3 90

—   foulard anglais riche, à 2 fr. 90 c. et 3 75

—   gros grain, 2 fr. 75 c., 3 fr. 25 c. et. 3 90

—   satin, 3 fr. 90 c., 4 fr. 75 c. et.   5 »

Cols anglais noirs, faisant double tour :

En taffetas, belle qualité, 3 fr. 75 c., 3 fr.
90 c. et 4 50

En gros grain, 3 fr. 90 c. et 4 75

En satin, 3 fr. 75 c., 3 fr. 90 c. et . . . 4 75

Cravates carrées noires taffetas par 0ᵐ,80 :

Belle qualité, 4 fr. 90 c. et 5 75

Qualité supérieure, 6 fr. 50 c. et. 7 75

Extra, 8 fr. 75 c., 10 fr. et . . . . 12 »

Sergées, 5 fr. 90 c., 6 fr. 75 c. et . . . 8 50

Vénitiennes, 6 fr. 75 c., 7 fr. 50 c. 9 fr. et. 10 »

Taffetas par 0ᵐ,90, 8 fr., 8 fr. 75 c., 10 fr. et 12 »

Sergées, 9 fr., 9 fr. 75 c., 11 fr., 13 fr. et 14 »

Vénitiennes, 8 fr. 50 c., 9 fr. 75 c. 11 fr. et 13 50

CHOIX COMPLET de **Cravates** carrées, dans tous les prix et toutes les largeurs, en armure, satin de Chine royal, etc.

Une AFFAIRE CONSIDÉRABLE de **Cravates** foulard à pois en fond noir et fond bleu, à . . . . » 55

Cravates blanches.

Cravates blanches, dites *Anguilles* :

En mousseline et nansouk, à 95 c., 1 fr. 25 c.,
1 fr. 75 c. et 2 25

Moscovites, à 2 fr. 25 c., 2 fr. 75 c. et . . 2 90

En taffetas et moire antique, à 2 fr., 2 fr.
45 c. et 2 75

Moscovites, moire antique, 2 fr. 75 c., 3 fr.
25 c. et 3 90

Cravates-fantaisie pour hommes.

(Haute nouveauté.)

Cravates anguilles, quadrillées et rayées, à 1 fr.
    25 c., 1 fr. 75 c., 1 fr. 95 c. et . .   2 25

— Moscovites, nouveauté riche, à 2 fr. 50 c.,
    2 fr. 95 c., 3 fr. 25 c. et 3 90

Cravates La Vallière (nouveauté de la saison) :

A pois foulard anglais, 1 fr. 95 c., 2 fr.
    50 c., 2 fr. 95 c. et. 3 50

Quadrillées et rayées, 2 fr. 25 c., 2 fr. 75 c.
    et 3 25

Satin rayé, belle nouveauté, 3 fr. 90 c.,
    4 fr. 75 c. et 5 75

Écharpes, nouveauté riche.

AFFAIRE IMPORTANTE d'Écharpes écossaises soie,
    tissu panama. 2 45

Écharpes, haute nouveauté, en satin et taffetas
    à 3 fr. 75 c. 4 fr. 50 c. et. 5 50

Un choix d'Écharpes riches, à 6 fr. 50 c. et 7 fr. 75 c.
    jusqu'à. . . . .   12 »

ASSORTIMENT COMPLET d'Écharpes anglaises.

Cravates pour dames.

GRAND CHOIX de Cravates pour dames, en moire
    antique et taffetas. . . . .   » 45

Cravates haute nouveauté, avec broderie soutache.   » 85

—   —   avec perles et broderie.   1 25

—   —   avec application de ve-
    lours. 1 45

Cravates nouveauté riche avec velours et acier . . 1 95

GRAND CHOIX de **Cravates** pour dames, haute nouveauté en satin et taffetas.

Fichus.

AFFAIRE EXCEPTIONNELLE :

Fichus-nouveauté, quadrillés. 1 25

— belle nouveauté, 1 f. 95 c., 2 f. 75 c. et 3 90

— nouveauté riche, 4 fr. 50 c. et. . 5 90

MAGNIFIQUE CHOIX de **Châtelaines** de Tunis, à . . » 95

Châtelaines haute nouveauté, à 1 f. 45 c., 2 f. 75 c. et 3 90

— riches, fantaisie à 4 f. 50 c., 5 f. 90 c. et. 6 75

— extra. . . . . . à 7 f. 50 c., 9 f. et. . . 10 »

Cache-nez.

GRAND ASSORTIMENT de **Cache-nez** tout laine. . . 1 45

— bonne qualité,
2 fr. 95 c. et. 3 90

Cache-nez nouveauté, 5 fr. 50 c. et. 6 75

— cachemire carré et long, toutes nuances, 2 f. 95 c., 3 f. 90 c., 4 f. 75 c. et. 6 75

— cachemire broché haute nouveauté,
12 fr., 15 fr., 18 fr. et . . . . . . 25 »

— nouveauté riche, soie ou cachemire,
12 fr., 15 fr., 20 fr. et . . . . . 30 »

CHOIX MAGNIFIQUE de Cache-nez riches, haute nouveauté, en soie et cachemire.

COMPTOIR

DE

CHALES ET CONFECTIONS.

Ce Comptoir, comme celui de la soierie, a pris depuis quelques années un développement inattendu.

Les châles sont vendus au **TAPIS-ROUGE** avec la même sincérité que toutes les autres marchandises ; la **confection pour dames** y est traitée avec le même soin que dans une maison spéciale ; ce qui en fait surtout son mérite, c'est une différence de prix notable sur les prix établis partout ailleurs.

Nous tenons à la disposition des dames qui nous en feront la demande, un *Catalogue spécial*, renfermant les gravures de confections-nouveauté de notre maison, avec les explications de formes et de garnitures.

CACHEMIRES FRANÇAIS.

Châles longs, cachemire pur :

| 400 f. » | 450 f. » | 500 f. » |
| 550 » | 600 » | 700 » |

Châles carrés à galeries, cachemire pur :

| 250 f. » | 300 f. » | 350 f. » |
| 400 » | 450 » | 500 » |

Châles longs, fond cachemire :

| 200 f. » | 225 f. » | 250 f. » |
| 275 » | 300 » | 350 » |

Châles carrés, fond cachemire :

100 f. »	110 f. »	120 f. »
140 »	160 »	180 »

— Châles longs, laine mérinos :

65 f. »	85 f. »	100 f. »
120 »	150 »	180 »

Châles carrés à galeries, laine mérinos :

20 f. »	25 f. »	30 f. »	35 f. »
40 »	45 »	50 »	58 »

Châles longs brochés rayés :

22 f. »	30 f. »	35 f. »
40 »	45 »	50 »
»	60 »	65 »
70 »	80 »	90 »
100 »	120 »	

Grand choix de Châles fantaisie.

Châles carrés rayés brochés :

8 f. 75	10 f. »	12 f. »
14 »	15 »	17 »
18 »	19 »	20 »
»	25 »	28 »
35 »	40 »	50 »
60 »	70 »	80 »

Grand choix de Châles brochés, fond noir ou de couleur avec petits dessins, bordures et rosaces, depuis 8 fr. jusqu'à. . . . . 60 »

Châles fond noir avec bordure brochée cachemire, de 12 fr. à. 40

Bordures de Châles, satinées et brochées, de 7 fr.
à. . . . . 25 »

Cachemires noirs brodés, garnis de véritable guipure :

45 f. »	55 f. »	65 f. »
75 »	85 »	90 »
100 »	110 »	125 »
140 »	160 »	180 »

Cachemires brodés non effilés :

17 f. 50	35 f. »	60 f. »
19 »	40 »	70 »
22 »	45 »	80 »
25 »	50 »	90 »
30 »	55 »	

Châles noirs, mérinos et cachemires d'Écosse :

13 f. »	28 f. »	50 f. »
15 »	30 »	55 »
18 »	35 »	60 »
20 »	40 »	65 »
25 »	45 »	

Châles longs noirs, en cachemire pur, de 60 fr. à 120 »

— cachémire pur, 1ᵐ,80 carré de 35 fr. à. . 80 »

— carrés noirs :

10 f. »	20 f. »	38 f. »
12 »	25 »	40 »
15 »	30 »	45 »
18 »	35 »	50 »

GRAND CHOIX de Châles demi-deuil.

Châles tartans longs, fonds unis, avec bordures de toute couleurs, tout unis ou écossais :

15 f. »	25 f. »	40 f. »
18 »	28 »	45 »
20 »	30 »	50 »
22 »	35 »	55 »

Châles tartans carrés :

6 f. 75	14 f. »	25 f. »
8 »	15 »	28 »
9 »	17 »	30 »
10 »	20 »	35 »
12 »	22 »	

CONFECTIONS POUR DAMES.

Paletot droit ou cintré en velours de laine, toutes nuances et duité noir, orné de piqûres, de pattes et boutons de jais en cinq qualités différentes.

POUR DAMES.

(Longueur 1 mètre.)

1re série	. . . . Fr.	13.90	
2e —	. . . .	19	»
3e —	velours genre Montagnac	28	»
4e —	—	35	»
5e —	véritable Montagnac	45	»

Les mêmes, garnis d'épaulettes et de parements en passementerie disposés exprès, coûteraient de 6 francs à 20 francs de plus, suivant la richesse de la garniture.

Les mêmes formes :

POUR FILLETTES DE 10 A 12 ANS:
(Longueur 0ᵐ,85.)

1ʳᵉ série	. . . . Fr.	12	»
2ᵉ	—	16	»
3ᵉ	— velours genre Montagnac	22	»
4ᵉ	— —	29	»
5ᵉ	— véritable Montagnac	35	»

FILLETTES DE 8 A 10 ANS.
(Longueur 0ᵐ,75.)

1ʳᵉ série	. . . . Fr.	11	»
2ᵉ	—	14	»
3ᵉ	— velours genre Montagnac	19	»
4ᵉ	— —	25	»
5ᵉ	— véritable Montagnac	30	»

FILLETTES DE 6 A 8 ANS.
(Longueur 0ᵐ,65.)

1ʳᵉ série	. . . . Fr.	10	»
2ᵉ	—	12-50	
3ᵉ	— velours genre Montagnac	17	»
4ᵉ	— —	22	»
5ᵉ	— véritable Montagnac	26	»

ENFANTS DE 5 A 6 ANS.
Longueur 0ᵐ,60.)

1ʳᵉ série	. . . . Fr.	9 50	
2ᵉ	—	11 75	
3ᵉ	— genre Montagnac	16	»
4ᵉ	— —	20	»
5ᵉ	— véritable Montagnac	24	»

ENFANTS DE 3 A 4 ANS.

(Longueur 0ᵐ,55.)

1ʳᵉ série	. . . . Fr.	9	»
2ᵉ —	. . . .	11	»
3ᵉ —	genre Montagnac	15	»
4ᵉ —	—	18	»
5ᵉ —	véritable Montagnac	22	»

Si l'on désire de la garniture sur les vêtements fillette, nous indiquer le prix que l'on veut y mettre.

Polonaise ou **Casaque** en velours de laine et duitée noir et couleur :

1ʳᵉ série	. . . . Fr.	19	»
2ᵉ —	. . . .	26	»
3ᵉ —	velours genre Montagnac	35	»
4ᵉ —	—	45	
5ᵉ —	véritable Montagnac	58	»

Quant aux garnitures, c'est la même différence ue pour les paletots.

Paletot en velours soie, ouaté, piqué et doublé soie

1ʳᵉ série	sans garniture	Fr.	90	»
2ᵉ —		—	115	»
3ᵉ —		— extra	145	»

Casaque en velours soie :

1ʳᵉ série	. . . . Fr.	120	»
2ᵉ —	. . . .	150	»
3ᵉ —	extra	180	»

Casaque en gros grain, doublée soie, piquée et ouatée :

| 1re série | sans garniture | Fr. | 79 | » |

1re série   sans garniture   Fr.   79   »
2e   —   —   90   »
3e   —   —   100   »

Quant aux garnitures des précédents, elles varient à l'infini.

Rotonde velours laine avec piqûres :

1re série . . . . Fr.   19   »
2e   —   26   »
3e   —   genre Montagnac   35   »
4e   —   —   45   »
5e   —   véritable Montagnac   58   »

Rotonde velours laine avec chenille assortie :

1re série . . . . Fr.   29   »
2e   —   38   »
3e   —   50   »
4e   —   65   »
—   extra   80   »

Veston haute nouveauté en velours laine toutes nuances, ou duité noir :

Longueur 0^m,55.)

1re série . . . . Fr.   8 50
2e   —   12   »
3e   —   16   »
4e   —   20   »
5e   —   25   »

Veston en velours rayé haute nouveauté. . . Fr.   15   »

Assortiments de Zouaves de tous prix.

Pelisse de baptême en cachemire, toutes nuances, doublée de laine, avec capuchon ou pèlerine :

1re série . . . . Fr.	6	90
2e —	10	»
3e —	15	»
4e —	18	»
5e —	25	»
6e —	30	»
7e —	40	»

GRAND CHOIX de **Draperie pour confection.**

Pour les personnes qui désireront faire leurs vêtements elles-mêmes, nous joindrons le patron que l'on nous désignera à l'étoffe que l'on aura choisie.

NOTA. Voici les mesures indispensables pour nous remettre une commande de confections à exécuter sur mesure :

Longueur de taille, derrière;

Largeur des épaules, d'une couture à l'autre des épaules;

Largeur de poitrine, d'une couture à l'autre des épaules;

Circonférence du corps, prise sous les bras;

Le tour de la taille.

COMPTOIR DE FOURRURES.

Ayant traité des **affaires colossales** en peaux de toutes espèces de fourrures, nous sommes à même d'offrir des *garnitures de manteaux*, soit en martre du Canada, martre de France ou de Prusse, vison du Canada, petit-gris, astrakan, vison d'Amérique, etc., à 50 0/0 meilleur marché que dans les spécialités.

Nous avons organisé dans nos ateliers un service spécial pour exécuter dans le plus bref délai *la réparation des fourrures, remontage des manchons et redoublage des cols et des berthes.*

Martre du Canada.

MANCHONS.		COLS RUSSES.	
Nᵒ 1 . . . . 100 »		Nᵒ 1 . . . . . 120 »	
2 . . . . . 130 »		2 . . . . . 160 »	
3 extra. . 160 »		3 extra. . 200 »	
MANCHETTES.		BERTHES.	
Nᵒ 1 . . . . . 20 »		Nᵒ 1 . . . . 100 »	
2 . . . . . 30 »		2 . . . . 130 »	
3 extra. . 40 »		3 extra. . 160 »	

Martre de France.

MANCHONS.		COLS RUSSES.	
Nᵒ 1 . . . . 70 »		Nᵒ 1 . . . . 80 »	
2 . . . . . 85 »		2 . . . . . 100 »	
3 extra. . 100 »		3 extra. . 120 »	

MANCHETTES.			BERTHES.		
Nº 1	15	»	Nº 1	70	»
2	20	»	2	85	»
3 extra . .	25	»	3 extra . .	100	»

Vison du Canada.

MANCHONS.			COLS RUSSES.		
Nº 1	35	»	Nº 1	45	»
2	45	»	2	60	»
3	60	»	3	80	»
4 extra . .	80	»	4 extra . .	100	»

MANCHETTES.			BERTHES.		
Nº 1	10	»	Nº 1	35	»
2	14	»	2	45	»
3	18	»	3	60	»
4 extra . .	22	»	4 extra . .	80	»

Martelines.

(DES PYRÉNÉES, DE SUÈDE OU DE PRUSSE.)

MANCHONS.			COLS RUSSES.		
Nº 1	35	»	Nº 1	40	»
2	40	»	2	50	»
3	48	»	3	60	»

MANCHETTES.			BERTHES.		
Nº 1	10	»	Nº 1	35	»
2	12	»	2	40	»
2	15	»	. . . .	48	»

Putois.

	MANCHONS.			COLS RUSSES.	
Nº 1	25	»	Nº 1	30	»
2	30	»	2	38	»
3	38	»	3	50	»
4	50	»	4	65	»

	MANCHETTES.			BERTHES.	
Nº 1	7	»	Nº 1	25	»
2	10	»	2	30	»
3	14	»	3	38	»
4	18	»	4	50	»

Astrakan.

	MANCHONS.			COLS RUSSES.	
Nº 1 Ukraine.	25	»	Nº 1 Ukraine.	30	»
2	28	»	2	35	»
3	35	»	3	42	»
Nº 1 Persian.	40	»	Nº 1 Persian.	50	»
2	45	»	2	60	
3	50	»	3	70	»

	MANCHETTES.			BERTHES.	
Nº 1 Ukraine.		»	Nº 1 Ukraine.	25	»
2	7	»	2	28	»
3	8	»	3	35	»
Nº 1 Persian.	9	»	Nº 1 Persian.	40	»
2	12	»	2	45	»
3	15	»	3	50	»

Astrakan noir ou gris (pour garnitures de vêtements).

Ukraine coûte le mètre, en 1 centimètre de haut, 1 fr. 75 c.,
2 centimètres, 3 fr. 50 c., etc.

Persian, 1 centimètre de haut, 2 fr.; 2 centimètres, 4 fr.;
3 centimètres, 6 fr., etc.

Petit-gris de Russie.

MANCHONS.			COLS RUSSES.		
Nᵒ 1 pâle. .	18	»	Nᵒ 1 pâle. .	25	»
2	28	»	2	30	»
Nᵒ 1 foncé. .	28	»	Nᵒ 1 foncé. .	38	»
2 extra. .	35	»	2	45	»
MANCHETTES.			**BERTHES.**		
Nᵒ 1 pâle. .	4	»	Nᵒ 1 pâle. .	18	»
2	5	»	2	22	»
Nᵒ 1 foncé. .	6	»	Nᵒ 1 foncé. .	28	»
2	8	»	2	35	»

Vison d Amérique.

MANCHONS.			COLS RUSSES.		
Nᵒ 1	12	»	Nᵒ 1	15	»
2	15	»	2	18	»
3	20	»	3	25	»
4	25	»	4	32	»
5	30	»	5	40	»
MANCHETTES.			**BERTHES.**		
Nᵒ 1	2 25		Nᵒ 1	12	»
2	2 75		2	15	»
3	3 50		3	20	»
4	4 50		4	25	»
5	6	»	5	30	»

Martre de Pologne.

MANCHONS.			COLS RUSSES.		
N	. . . . .	5 90	N° 1	7	»
	. . . . .	8 »	2	9	»
3	10 »	3	12	»
4	12 »	4	15	»
extra . .	15 »	5	18	»

MANCHETTES.		COLS — BERTHES.		
N° 1	» 75	N° 1	5 90
2	» 90	2	8 »
3	1 25	3	10 »
4	1 75	4	12 »
5	2 50	5	15 »

Vraie hermine.

MANCHONS.		COLS RUSSES.	
N° 1 100	»	N° 1 115	»
2 115	»	2 130	
3 130	»	3 150	»

Grèbes.

MANCHONS.		COLS RUSSES.	
N° 1 90	»	N° 1 100	»
2 105	»	2 120	»
3 120	»	3 140	»

Peaux de chats sauvages pour les douleurs, de 6 fr. à
15 fr., suivant leur grandeur et leur fourrure.

FOURRURES POUR FILLETTES ET ENFANTS.

Cygne de Norwége.

Manchons pour enfants d'un an à 3 ans,   7 fr. et.   9 »
—   —   de 3 à 5 ans, 10 fr. à.   12 »
—   —   de 5 à 8 ans, 15 fr. à.   18 »
Colliers ronds, de 1 fr. 50 c. à. . . . .   3 »
Manchettes, de 3 fr. à . . . .   8 »
Cols et Berthes pour enfants d'un an à 3 ans, 8 fr. à.   10 »
—   —   de 3 à 5 ans, 12 fr. à.   15 »
—   —   de 5 à 8 ans, 16 fr. à.   20 »
Pièces d'estomac, de 6 fr. à. . . . .   15 »
Cygne, haut[r] 1 centimètre, le mètre 1 fr. 50 c. ; 2 centimètres, 3 fr., etc.

Martre de Pologne ou fausse hermine.

Pour enfants de 1 à 3 ans.

MANCHONS.		BERTHES OU COLS.	
Nº 1	2 50	Nº 1	2 75
2	3 25	2	3 50
3	4 »	3	4 50

Enfants de 4 à 6 ans.

MANCHONS.		BERTHES OU COLS.	
Nº 1	4 50	Nº 1	5 »
2	5 50	2	6 50
3	6 50	3	8 »

Enfants de 7 à 9 ans.

MANCHONS.				BERTHES OU COLS.		
Nº 1	. . . .	7 »		Nº 1	. . . .	7 75
2	. . . .	8 »		2	. . . .	9 »
3	. . . .	9 »		3	. . . .	11 »

Fillettes de 10 à 14 ans.

MANCHONS.				COLS ET BERTHES.		
Nº 1	. . . .	9 »		Nº 1	. . . .	10 »
2	. . . .	10 »		2	. . . .	11 »
3	. . . .	12 »		3	. . . .	12 »

Vison d'Amérique et ventre-de-gris.

Enfants de 1 à 3 ans.

MANCHONS.				COLS ET BERTHES.		
Nº 1	. . . .	5 »		Nº 1	. . . .	5 50
2	. . . .	6 »		2	. . . .	6 75
3	. . . .	7 »		3	. . . .	8 »

Enfants de 4 à 6 ans.

MANCHONS.				COLS ET BERTHES.		
Nº 1	. . . .	8 » »		Nº 1	. . . .	9 »
2	. . . .	9 » »		2	. . . .	10 50
3	. . . .	10 » »		3	. . . .	12 »

Enfants de 7 à 9 ans.

MANCHONS.				COLS ET BERTHES.		
Nº 1	. . . .	11 »		Nº 1	. . . .	12 »
2	. . . .	12 »		2	. . . .	13 »
3	. . . .	13 »		3	. . . .	14 »

Fillettes de 10 à 14 ans.

MANCHONS.		COLS ET BERTHES.	
Nᵒ 1 . . . . . 14 »		Nᵒ 1 . . . . . 15 »	
2 . . . . . 15 »		2 . . . . . 16 »	
3 . . . . . 16 »		3 . . . . . 17 »	

Manchettes de 1 fr. 50 c. à . . . . 3 »

Petit-gris de Russie.

Enfants de 1 à 3 ans.

MANCHONS.		COLS ET BERTHES.	
Nᵒ 1 . . . . . 8 »		Nᵒ 1 . . . . . 9 »	
2 . . . . . 9 »		2 . . . . . 10 »	
3 . . . . . 10 »		3 . . . . . 11 »	

Enfants de 4 à 6 ans.

MANCHONS.		COLS ET BERTHES.	
Nᵒ 1 . . . . . 10 »		Nᵒ 1 . . . . . 11 »	
2 . . . . . 11 »		2 . . . . . 12 »	
3 . . . . . 12 »		3 . . . . . 13 »	

Enfants de 7 à 9 ans.

MANCHONS.		COLS ET BERTHES.	
Nᵒ 1 . . . . . 12 »		Nᵒ 1 . . . . . 13 »	
2 . . . . . 13 »		2 . . . . . 14 »	
3 . . . . . 14 »		3 . . . . . 15 »	

Fillettes de 10 à 14 ans.

MANCHONS.			COLS ET BERTHES.		
No 1	13	»	No 1	16	»
2	15	»	2	19	»
3	18	»	3	22	»

Manchettes de 1 fr. 75 c. à. . . . . 4 »

Astrakan gris ou noir.

Enfants de 1 à 3 ans.

MANCHONS.			COLS ET BERTHES.		
No 1	10	»	No 1	11	»
2	11	»	2	12	»
3	12	»	3	13	»

Enfants de 4 à 6 ans.

MANCHONS.			COLS ET BERTHES.		
No 1	12	»	No 1	13	»
2	13	»	2	14	»
3	14	»	3	15	»

Enfants de 7 à 9 ans.

MANCHONS.			COLS ET BERTHES.		
No 1	15	»	No 1	16	»
2	17	»	2	18	»
3	20	»	3	22	»

Fillettes de 10 à 14 ans.

MANCHONS.			COLS ET BERTHES.		
No 1	20	»	No 1	22	»
2	25	»	2	28	»
3	30	»	3	35	»

Manchettes de 2 fr. 50 c. à. . . . . 6 »

COMPTOIR DE TOILES.

La maison du TAPIS-ROUGE, dont la fondation remonte à l'*année* 1784, doit son ancienne réputation à la bonté de ses toiles, qu'elle faisait et qu'elle continue à faire fabriquer elle-même. Aucune maison ne peut lui être comparée, et chacun reconnaît que la priorité lui est acquise dans cet article.

Toile blanche de Cholet pour chemises :
  Larg^r 0^m,80 . . . . 1 15
    —   bonne qualité. 1 35
    —   très-belle. 1 55
    —   qualité extra 2 15
    —   — 2 45

Toile blanche de Flandre, pur fil, pour chemises :
  Larg^r 0^m,80. . . . . 1 20
    —   bonne qualité 1 35
    —   belle qualité 1 60
    —   qualité extra 1 90

Toile de Flandre, demi-blanc :
  Bonne qualité. 1 35
  Extra. 1 60

Toile Courtrai, pur fil, pour chemises, beau blanc :
  Larg^r 0^m,80. . . . . 1 45
    —   belle toile 1 75
    —   qualité extra 2 25
    —   —   supérieure. 2 50
    —   —   extra fine 2 75

Toiles de Normandie.

Cretonne blanchie, pur fil, pour chemises :

Larg^r 0^m,80, bonne qualité 1 45
    —   très-bonne qualité 1 55
    —   qualité supérieure 1 65
    —   —   extra 1 75
    —   extra-supérieure. 1 85
    —   qualité fine, depuis 1 fr. 95 c.,
          2 fr. 15 c., 2 fr. 35 c.,
          2 fr. 75 c. et 3 25
    —   extra-fine. 3 90

Cretonne demi-blanche :

Larg^r 0^m,80, bonne qualité 1 45
    —   supérieure 1 55
    —   qualité extra, 1 fr. 80 c. et. 1 90

Toiles fortes crémées.

Toile crémée pour tabliers :

Larg^r 0^m,90. . . . . 1 45
    — 1 55
Larg^r 1 mètre, très-bonne qualité, 1 fr. 60 et 1 75
Toile crémée pour draps :

Larg^r 1 mètre 1 50
    —   très-bonne qualité 1 60
    —   extra. 1 75
Larg^r 1^m,10. . . . . 1 65
    —   supérieure 1 75
    —   extra. 1 90

Toile bleue pour tabliers, pur fil :

Largr 0m,90. . . . .   1 35
—   supérieure 1 45
—   très-belle qualité 1 60
Largr 1m,05, à 1 fr. 45 c. et. 1 65
—   extra. 1 85
Largr 1m,10, 1 fr. 90 c. et 2 10

Toile verte pour tabliers :

Largr 1m,05, 1 fr. 35 c. et 1 45
—   très-bonne qualité 1 75

Toile verte pour doublures de tapis :

Largr 0m,70, 0 fr. 95 c. et 1 10

Toile bleue cylindrée pour blouses :

Largr 1m,05, 1 fr. 65 c. et 1 75
—   supérieure, 1 fr. 90 c. et. .   2 25
—   extra. 2 60

Toile grise pour blouses : 1 fr. 40 c. et 1 60
—   —   très-bonne qualité, 1 fr.
85 c. et. 2 10

GRAND ASSORTIMENT de **Toiles** à matelas rayées, à carreaux, damassées et grises, en fil.

GRAND CHOIX de **Coutils** pour stores et literies.

Toiles pour draps.

Toile blanche pur fil, largr 0m,90. . . . .   1 45
—   —   —   —   très-bonne toile.   1 60
—   —   —   1m,05. . . . .   1 55
—   —   —   —   genre fort. . .   1 65
—   —   —   —   — fin . . .   1 75
—   —   —   qualité extra. .   1 90

Toiles pour draps (*Fabrication du* Tapis-Rouge).

Toile de ménage pur chanvre, fil de main (blanc de pré) :

	genre fort, larg^r 1^m,05, à 1 f. 05, 1 fr. 85 c. et	2 10
—	fin, larg^r 1^m,05, à 1 f. 80, 1 f. 95 et	2 50
—	qualité extra, larg^r 1^m,05, à 1 f. 90, 2 f. 15 et	2 40
—	genre fort, larg^r 1^m,20, à . . .	2 25
—	fin, — — . . .	2 60
—	qualité extra — — . . .	2 90

Ces toiles pour drap, de notre fabrication, coûtent en demi-blanc 0 fr. 10 c. de moins par mètre.

Cretonne blanche (pur fil) de Normandie pour draps :

	larg^r 1^m,05, bonne qualité, 1 85 et			1 95
—	—	—	supérieure. . . .	2 20
—	—	—	qualité extra . . .	2 40
—	—	1^m,20	bonne qualité. . .	2 30
—	—	—	supérieure	2 40
—	—	—	qualité extra . . .	2 70
—	—	—	— fine. . . .	2 90

COMPTOIR TRÈS-IMPORTANT de toiles 8/4, largeur 2^m,40 pour drap sans couture. •

Toile blanche (pur fil), larg^r 2^m,40, le mètre.				4 25
— — — — —				4 60
—	beau blanc —	—	très-belle toile. .	5 25
—	—	—	— qualité extra	6 75
—	—	—	— ce qu'il y a de beau	7 90

Toile fil de main pour draps sans coutures :

largr 2m,40 . . . . le mètre	4	90
— , très-belle toile —	6	50
— , qualité extra —	7	75
— 1re qualité et la plus belle toile . . .	8	50

Toile de bretagne blanche pour layettes et taies d'oreillers :

largr 0m,65 . . . . le mètre	1	15
— — — fine . . . . . . —	1	25
— — — très-fine . . . —	1	40
— — — extra-fine . . . —	1	60
— — 0m,70 . . . . —	1	25
— — — belle toile . . . —	1	35
— — — qualité extra . . —	1	55
— — — — extra-fine —	1	70

Toiles fines de Hollande pour devants de chemises :

largr 0m,80	1	95
— — très-belle toile	2	45
— — très-fine . . .	2	90
— — extra-fine . .	3	75

Beau choix de toiles fines d'Irlande et batistes fines.

Toiles Jaunes ou écrues pour torchons :

largr 0m,50 . . . le mètre	»	60
— 0m,58 . . . —	»	70
— 0m,62 . . . —	»	80
— 0m,68 . . . —	»	85
— 0m,70, 1re qualité	1	05

Toile écrue pour essuie-mains, largr 0m,65, 0 f. 85,

                                0 f. 95 et   1 05

Ouvré écru   —   —   0m,70 0 f. 95 1. f. 10 et   1 25

Toile d'Alençon pour chemises :

        largr 0m,80. . . . .   1 05

   —   —   bonne qualité. . . .   1 15

   —   —   supérieure. 1 25

   —   —   extra 1 35

   —   —   chanvre, extra . . .   1 55

Toiles d'Alençon pour draps et tabliers :

     Largr 0m,85. . . . . 1 30 et   1 40

       —   supérieure 1 45

     — 1 mètre . . . . 1 40 et   1 55

     — pur chanvre 0m,90. . . . 1 45 et   1 60

     —   — 1 mètre . . . . . 1 55 et   1 70

     —   — 1m,10 . . . . . . 1 80 et   1 90

     —   — 1m,20. . . . .   2 15

Serviettes d'Alençon pur fil, liteaux rouges, la

    douzaine 5 90

  — 6 75

  — 7 50

  —   toile ménage, liteaux rouges 8 75

  — 9 50

  —   . . . . . . Longr 0m,90 sur 0m,70. 13 75

  — 14 50

Linge de table uni et damassé.

Serviettes toile blanche, pur fil, liteaux bleus ou blancs :

    Longr 0m,80, largr 0m,65, la douzaine. 10 75

  —   —   —   —   11 50

  —   —   —   —   12 75

    Longr 0m,90, largr 0m,70   —   13 50

  —   —   —   —   14 75

Serviettes cretonne blanche, pur fil, liteaux bleus ou blancs :

Long^r 0^m,85, larg^r 0^m,70, la douzaine.	13 75
— — — —	14 50
Long^r 0^m,90, larg^r 0^m,75 —	15 50
— — — —	16 75
Long^r 0^m,95, larg^r 0^m,78 —	17 »
— — — —	18 50
— Qualité extra.	19 75
— Les plus belles. . . .	22 »

Nappes toile blanche à liteaux bleus et blancs :

Long^r 1^m,20, larg^r 1^m,20 . . . . . la nappe.	3 90

Nappe de 6 couverts, long^r 1^m,75, larg^r 1^m,75 —	4 90
— — — —	5 75
— de 8 à 10 couverts — — —	6 90
— — — —	7 75
— — — —	8 50
— de 10 couverts, 2 mètres 1^m,75 —	8 75
— — — —	10 50
— de 12 couverts, 2^m,50 1^m,75 —	10 90
— — — —	12 »
— — — —	14 »
— de 15 couverts, 3^m,20 1^m,75 —	15 »
— de 18 couverts, 4^m,20 1^m,75 —	18 »
— de 18 couverts, 4^m,20 2^m,10 —	25 »

Serviettes damassées, pur fil, la douzaine	11 75
— Long^r 0^m,90, larg^r 0^m,70	14 50
— — —	16 »
— — —	18 50

Nappes assorties aux serviettes, larg^r 1^m,40. Le mètre.	3 25
— 1^m,75 —	3 90
— — —	4

OEil de perdrix, pur fil, pour la toilette. Le mètre,
depuis . . . . 1 25 à   1 90

Serviettes de Bretagne, la douzaine, 10 90 jusqu'à   19   »

Services de table.

Services damassés, pur fil, pour 12 couverts
(12 serviettes et 1 nappe de $1^m,75$ de large sur
$2^m,50$ de long). Le service. 25   »

Beaux services de Saxe, pur fil, pour 12 couverts
(12 serviettes et 1 nappe de $2^m,50$ de long sur
$1^m,75$ de large), d'une valeur de 50 fr. Le service.   29   »

Très-beaux services de Saxe, pur fil, pour 12 couverts (12 serviettes et 1 nappe de $2^m,50$ de
long sur $1^m,75$ de large), d'une valeur de 65 fr.
Le service. 35   »

Une affaire de **Services damassés** pour 18 couverts
(18 serviettes et 1 nappe de $4^m,20$ de long
sur 2 mètres de large). Le service complet . . 39   »

TRÈS-BEAUX SERVICES, 18 couverts au prix de
45 fr., 49 fr., 50 fr. et. 55   »

Un LOT HORS LIGNE de **Services de Saxe** pour
24 couverts (24 serviettes et 1 nappe de $5^m,20$
de long sur 2 mètres de large, le service complet) 59   »

MAGNIFIQUES SERVICES pour 24 couverts au prix
de 69 fr., 75 fr., 90 fr., 115 fr. et 125   »
     —   Ce qu'il y a de plus beau, à . . 150   »

Mouchoirs de poche.

Mouchoirs Cholet, pur fil blanc :

bonne qualité, la douzaine.	6 90
genre fin	7 75
belle qualité	8 90
extra	10 »
extra-fin	12 50
—	15 »
—	18 »
supérieurs	20 »
—	22 »
en couleur, 9 fr. 25 c., 10 fr. 75 c. et .	11 50
supérieurs, 12 fr. 75 c., 14 fr. 75 c. et .	18 »
Mouchoirs de batiste, pur fil, la douzaine	6 90
belle qualité	9 50
très-belle qualité	12 50
extra	15 »
extra-fin	18 »
—	20 »
—	24 »

Linge confectionné.

Torchons ourlés, toile ménage, la douzaine . . .	7 75
— — — . . .	8 90
— — — . . .	9 50
— par 12^m de long, larg^r 0^m,70^c, la douz.	11 »
— — — —	12 50
— — — 1re qualité.	14

Tabliers de cuisine, en toile écrue, le tablier . .   1 05
  —   —   — . .   1 30
  —   —   — . .   1 45
  —   —   — . .   1 75
  —   —   — . .   1 90

Tabliers à bavette pour valets de chambre, le tablier   1 75
  —   très-bonne toile,   — . .   1 90
  —   —   — . .   2 25
  —   qualité extra ,   — . .   2 50

Draps, bonne toile de ménage :
 largr 1m,60, la paire, par 12 mètres . . .   12 75
  —   —   — 15 75

TRÈS-BEAUX **Draps**, toile blanche :
 largr 1m,80, la paire, par 12 mètres . . .   17 50
  —   —   — . . . .   22 »

Grands **Draps**, très-belle toile, largr 2m,10. . . . .   26 75
  —   de maltre, toile de ménage, qualité
    extra, largr 2m,40, la paire par 14m   29 »

Grands **Draps**, sans coutures, largr 2m,40, la paire
    par 7m mètres. . . . .   29 »

Taies d'oreillers, très-belle toile, la taie. 2 15
  —   supérieure,   — 2 45
  —   qualité extra,   — 2 90
  —   en bon madapolam, — 1 75
  —   très-belle qualité, — 2 05
  —   extra,   — 2 50

COMPTOIR DE BLANC DE COTON.

Depuis l'augmentation successive des cotons, acheter par anticipation étant le seul moyen d'obtenir et d'offrir une différence, la maison du TAPIS-ROUGE s'est toujours mise en mesure, et, en ce moment, elle offre sur les cours actuels un avantage de 30 0/0 que les acheteurs apprécieront facilement.

Madapolam et Cretonne.

Beau **Madapolam** pour chemises :

    Largr 0^m,85 . . . . » 95

    —   supérieur. 1 10

Toile de l'Inde pour chemises :

    Largr 0^m,85, belle qualité. 1 25

    —   très-fine 1 40

Shirting ou **Madapolam** très-fort pour chemises :

    Largr 0^m,85 . . . . 1 50

Cretonne forte pour chemises :

    Largr 0^m,85 . . . . 1 15

    —   très-forte. 1 25

    —   fine 1 25

    —   très-fine 1 40

    —   forte et très-fine. 1 50

    —   la plus belle qualité. 1 60

Madapolam pour jupons :

    Largr 0^m,80 . . . . » 85

Madapolam pour tabliers :

Larg^r 1^m,10. . . . . 1 40
  —   belle qualité 1 65
  —   très-fort et très-fin. 1 90

Très-bon **Madapolam** :

Larg^r 1^m,70. . . . . 1 90
  —   très-belle qualité. 2 25
  —   qualité extra 2 60

Madapolam d'une seule largeur pour Draps de maître, et pour Rideaux de lits :

Larg^r 2^m,20 . . . . 2 75
  —   belle qualité . . . . 3 »
  —   extra. 3 50

Cretonne forte pour tabliers :

Larg^r 1^m,10. . . . . 1 70
  —   forte et fine. 1 90
  —   très-belle qualité 2 25

Cretonne forte pour tabliers :

Larg^r 1^m,70. . . . . 2 75
  —   forte et fine. . . . . 3 »
  —   très-belle qualité. 3 25

Cretonne d'une seule largeur pour Draps de maître et pour Rideaux de lits :

Larg^r 2 mètres. 3 25
  —   forte et fine. 3 50
  —   qualité supérieure. 3 75

Cretonne, les mêmes qualités :

Larg^r 2^m,20 . . . . 3 75
  —   forte et fine. 4 25
  —   qualité supérieure. 4 60

Brillanté, Percale, Piqué et Damas blanc.

Brillanté pour Jupons et Camisoles, largr 0m,80. .   » 95
     —   très-belle qualité 1 25
     —   ce qu'il y a de plus beau. . .   1 45
Très-belle Percale pour chemises :
    Largr 0m,85 . . . .   » 95
     —   qualité supérieure. 1 10
     —   qualité extra 1 45
     —   ce qu'il y a de plus beau. . .   1 60
ARTICLE EXCEPTIONNEL : Percale extra-forte pour Rideaux
    de lits, largr 2m,40. . . . .   2 90

   NOTA : Cette largeur est aussi très-avantageuse pour Jupons
et pour Pantalons.

Damas et Pékins pour ameublements, largr 0m,85.   1 45
Très-beau Piqué pour vêtements d'enfants, pour Camisoles
    et pour Pantalons :
    Largr 0m,75 . . . .   1 75
Piqué molletonné, très-fort, largeur 0m,75. . . .   1 90
     —   qualité extra, — 2 50
     —   dessins riches, ce qu'il y a de
        plus beau, larg. 0m,75 . . .   3 25

Jaconas, Nansouks et Organdis.

Jaconas et Nansouks pour lingerie :
    Bonne qualité, largeur 1m,30 . . . .   1 45
    Qualité supre,   — 1 75
    Très-beaux,   —   . . . .   2 »
    Qualité extra,   — 2 25
    Ce qu'il y a de plus beau, largr 1m,30 . .   2 75

Mousselines suisses et claires pour robes :

    Belle qualité, largeur 1^m,30. . . . .   1 45

    Plus belle,   — 1 75

    Qualité sup^{re},   —   . . . .   2 «

    Qualité extra   — 2 50

    Ce qu'il y a de plus beau, larg^r 1^m,30. . .   2 90

Organdis et **Mousselines** anglaises, article spécial pour

    robes, largeur 1^m,80 . . . .   1 75

    Belle qualité, largeur 1^m,80 . . . .   2 »

    Très-belle,   — 2 50

    Qualité sup^{re},   — 2 75

    Ce qu'il y a de mieux, larg^r 1^m,80. . . .   3 25

AFFAIRE IMPORTANTE de **Tarlatanes** blanches et

toutes couleurs, largeur 1^m,80 . . . .   » 55

Tarlatanes frappées, très-jolis dessins et toutes

couleurs, ce qu'il y a de plus nouveau pour

robes de bals et de soirées, larg^r 1^m,80 . . . .   » 75

Mousselines et guipures pour rideaux.

Mousselines brochées, largeur 0^m,65. . . . .   » 35

    Bonne qualité,   —   . . . . . .   » 65

    Plus belle, largeur 0^m,70   . . . .   » 75

    Très-belle qualité, larg^r 0^m,80. . . . . . .   » 95

Dessins nouveaux, médaillons à jours et très-beaux

dessins genre gothique, largeur 0^m,80 . . . . .   1 25

Dessins plus riches, qualité plus belle, avec bor-

dures festonnées, largeur 0^m,80 . . . .   1 50

Guipures françaises, maille double, larg^r 0^m,70 .   » 75

    Belle qualité, larg^r 0^m,75 . . . .   » 95

    Qualité extra,   — 1 25

    Ce qu'il y a de mieux, avec bordures fes-

    tonnées et dessins riches, larg^r 0^m,75. .   1 50

Rideaux et Stores brochés et brodés.

Petits **Rideaux** vénitiens et suisses avec encadrement festonné, hauteur 2 mètres, le rideau.   2 40

Le même genre. haut^r 2 mètres, très-belle qualité, le rideau. 2 75

Le même genre, hauteur 2 mètres, ce qu'il y a de mieux, le rideau. 3 25

Rideaux double maillon sur fond à jour, ce qui se fait de plus riche, le rideau 3 50

Petits **Rideaux** guipure française, encadrés, hauteur 2 mètres, le rideau 1 90

Les mêmes en plus beau et festonnés, le rideau   2 75

Les mêmes, ce qu'il y a de plus beau en qualité, avec dessins très-riches, le rideau. .   3 75

Genre nouveau, propriété du TAPIS-ROUGE, le rideau 4 25

Petits **Rideaux** brodés sur mousseline suisse, hauteur 2 mètres, le rideau. 2 90

Les mêmes, belle qualité, le rideau 3 90

     —   dessins très-riches, le rideau. .   5 75

     —   broderie extra, le rideau. . . .   6 90

     —   ce qu'il y a de plus riche sur mousseline, le rideau 8 50

Rideaux de salons, broderie suisse sur fond tulle, ce qu'il y a de mieux, le rideau. 11 50

Stores vénitiens festonnés, hauteur 3 mèt., le store.   5 50

Ce qu'il y a de plus riche,   —   — .   8 50

Stores guipure française, hauteur 3 mètres, largeur 1^m,80, le store 4 50

Festonnés, très-belle qualité, le store. . .   10 50

Qualité extra, le store . . . .   15 »

Beaux **Stores** brodés sur mousseline suisse, hauteur 3 mètres, largeur 1ᵐ,80. . . . . . . 11 90

    Qualité supérieure . . . . 15 »

    Broderie extra et dessins très-riches . . . 20 »

Embrasses brochées et brodées.

Petites Embrasses brochées, à volants, la paire.				1 50
Grandes —	—	— pour grands rideaux.. . .	—	2 »
Petites —	guipure, à volants. . .		—	1 75
Grandes —	—	— pour grands rideaux. . .	—	2 50
Petites —	brodées, à volants, pour grands rideaux.. . .		—	3 25
Grandes —	brodées, à volants, pour grands rideaux. . .		—	4 50

Lits brodés et brochés.

Lits en mousseline suisse brochée, se composant de 4 rideaux, 3 mètres de hauteur sur 2ᵐ,10 de large, qualité de 60 fr.. . . . . 39 »

Lits brodés, très-riches, mêmes dimensions, la plus belle qualité. . . . . 90 »

Couvre-lits, Couvre-pieds, Couvre-édredons et Dossiers.

Couvre-lits brodés, très-riches. . . . . 25 »

    — vénitiens, très-belle qualité, la plus grande taille.. . . . . 7 90

Couvre-édredons guipure française, festonnés, grande taille.. . . . . 3 75

Les mêmes, très-belle qualité 5 50
—   qualité extra.. . . . . 6 75
—   ce qu'il y a de plus riche 7 90
Couvre-lits grande taille, en guipure. 3 75
—   qualité extra et festonnés.. . . . . 8 90
—   les plus riches et les plus beaux. 15 »
Couvre-pieds double face, très-belle qualité. . . . 13 75
—   piqué anglais, les plus grands et les
plus riches. . . . . 25 »
Dossiers de fauteuils en guipure.. . . . le dossier. » 35
—   — en filet . . . . , » 75
—   — — avec franges. . . . 1 25
— crochet à la main, dessins et qualité extra. 3 50
Couvre-oreillers guipure.. . . . . 2 50
—   — qualité extra.. . . . . . 3 25

COMPTOIR

D'AMEUBLEMENTS ET TAPIS.

Par suite de la *grande extension de ses affaires*, une immense galerie nouvelle est affectée spécialement au Comptoir de **tapis et d'ameublements.**

Des assortiments considérables d'une grande variété placent ce Comptoir au premier rang. Toutes ces marchandises, achetées AVANT LA HAUSSE, sont nouvelles, d'une grande fraîcheur et vendues à des prix tout exceptionnels de bon marché.

Des AFFAIRES CONSIDÉRABLES d'**Étoffes** nouvelles pour rideaux nous permettent d'offrir, dans cet article, des prix avantageux et un choix très-varié.

Damas pure laine.

200 pièces **Damas**, bonne qualité, largeur 1^m,30. .	2 95
Damas double chaîne, qualité réelle de 6 fr. —	3 75
— — supérieur fin, larg^r 1^m,40. .	4 90
— — extra.	6 »

Il existe une grande variété de nuances, telles que solférino, bleu de Lyon, gris, ponceau, orange et toutes les nuances ordinaires.

Damas deux tons.

Damas deux tons, qualité forte, larg^r 1^m,30 . . .   4 90
   —   —   extra, largeur 1^m,40. . . . . .   5 90
   —   —   laine et soie,   — 8 75
   —   —   satin extra,   — 9 fr.75 et. 12 »

Reps unis pure laine. (Largeur 1^m,40.)

Une AFFAIRE EXCEPTIONNELLE de Reps laine,
  qualité de 8 fr. à. 6 75
Reps pure laine, double chaîne. 7 90
Magnifique Reps, qualité extra, à 8 fr. 75 c. et. .   9 50

La plus grande variété existe dans les nuances, telles
que fuchsia, azuline, vert d'eau, gris perle, havane, etc.

ÉTOFFES FANTAISIE POUR AMEUBLEMENTS.

200 pièces Algérienne, tramée laine, larg^r 1^m,25 .   1 95
Algérienne, qualité supérieure, larg^r 1^m,25, 2 fr.
       25 c. et. 2 95
GRAND CHOIX de Catalane, laine, fond blanc, étoffe
  nouvelle, double face, larg^r 1^m,40 . . . .   3 90

Reps fantaisie.

Magnifique Reps, laine, double face, larg^r 1^m,40 .   4 50
Reps satiné, laine et soie à rayures en long,   — . .   4 75
  — des Gobelins, broché à médaillons,   — . .   5 90
  —   —   supérieur, riche,   — . .   6 75
GRAND CHOIX de Reps moirés, riches, à rayures en
  long, étoffe de 12 fr. et 14 fr., à 8 fr. 75 c. et.   9 75

Velours d'Utrecht pour meubles.

Velours d'Utrecht, bon ordinaire, largr 0m,60. . .   4 50
—   supérieur,   —   . . .   5 75
—   très-beau,   —   . . .   8 50
—   poil de chèvre, à 10 fr., 12 fr. et 13 »
Lastaing uni, largr 1m,40, à 3 fr. 90 c., 4 fr. 50 c. et 5 »
—   imprimé, largr 0m,90 . . . .   3 90
Tissu indien, en bourre de soie, impression cache-
       mire, étoffe très en vogue, largr 1m,30 . .   5 75

Perses pour rideaux.

Perse ordinaire. . . . .   » 75
—   bonne qualité, 95 c. et. 1 10
—   riche, nuances nouvelles, valant 2 fr., à. .   1 25
—   — Pompadour 1 45
CHOIX IMMENSE de Perses riches.

Cretonnes vieux style.

Une AFFAIRE EXCEPTIONNELLE de Cretonnes
    Pompadour, article valant 2 fr. 50 c., à . .   1 45
Cretonnes extra-fortes. 1 95
—   riches, vieux style, à 2 fr. 75 c. et. .   2 95
ASSORTIMENT COMPLET des plus hautes nouveautés.
Coutils rayés pour housses, largr 0m,85, 1 fr. 45 et 1 65
—   damassés, rayés pour housses, largr 0m,85,
       1 fr. 75 c. et 1 95
—   damassés gris et chamois, largr 0m,85, 1 fr.
       75 c. et 1 95

Coutils satin grec, rayés, toutes couleurs, larg^r
0^m,85, 1 fr. 25 c., 1 fr. 45 c. et . . . 1 75
— croisés, larg^r 0^m,85, 2 fr. 95 c. et . . . 3 25

Calicot rouge Andrinople :
Grand teint, larg^r 0^m,85 . . . . 1 45
supérieur, — 1 fr. 60 c. et. . . 1 75
— larg^r 1^m,10. 2 fr. 75 c. et . . 2 95
— larg^r 1^m,25. 3 fr. 60 c. et . . 3 90
—. larg^r 0^m,85^c 2 fr. 95 c. et.. . 3 25

Chamois uni, bleu, vert-de-gris, larg^r 0^m,85,
95 c., 1 fr. 25 c. et 1 45

Couvre-lits en laine floche.

Couvre-lits laine floche, toutes nuances, long^r 1^m,70 4 90
— — — — 1^m,85 5 90
— — — — 2^m,00 6 90
— — — — 2^m,30 9 75
— très-fournis, supérieurs, — 2^m,20 12 50
— — — — 2^m,30 15 75
— — — — 2^m,40 18 75

Couvre-lits algériens, coton et laine.

Couvre-lits, toutes nuances, long^r 2^m,00 sur 1^m,45. 8 50
— — — 2^m,20 sur 1^m,55. 11 75
— — — 2^m,20 sur 1^m,85. 13 75

Ces genres de couvre-lits peuvent se laver.

Couvre-pieds en toile perse.

Couvre-pieds :

Long^r 1^m,80 sur 1^m,40, intérieur laine grise.   6 90

— 1^m,90 sur 1^m,60,   —   9 75

— 2^m,10 sur 2 mètres,   —

13 fr. 75 c. et. 15 75

Long^r 2^m,30 sur 2^m,15, intérieur laine grise.   18 »

TAPIS POUR APPARTEMENTS.

Feutres.

Des **soldes considérables**, faits en temps opportun dans les premières fabriques de France et d'Angleterre, nous permettent *malgré la hausse*, de vendre les **Tapis** dans des conditions exceptionnelles de bon marché.

Comme affaire hors ligne, nous citerons une affaire de :

200 pièces **Feutre** Pompadour, larg^r 0^m,80, le mètre   2 25

—   supérieur   —   —   2 75

Une immense affaire **Feutre** double, larg^r 1^m,30, dessins très-variés, tels que Pompadour, Smyrne, médaillons, marbré, petits genres pour bureaux, etc. Qualité réelle de 6 francs, mise en vente le mètre à 3 90

Un choix considérable de **Feutre** extra-fort, larg^r 1^m,30 . . . .   4 75

Feutre inusable d'une valeur réelle de 9 francs, à 5 fr. 90 c. et. 6 75

Moquettes françaises et anglaises.

Magnifique Moquette bouclée :

    Qualité exceptionnelle, larg^r 0^m,70 . . . .   4 90

    Supérieure, usage parfait,   — 5 75

    Veloutée, qualité de 9 fr.   — 6 50

Velours extra, largeur 0^m,70 . . . .   7 75

    Veloutée (ce qui se fait de plus beau),
        larg^r 0^m,70, à 8 fr. 75 c., 9 fr.
        50 c. et   13   »

CHOIX CONSIDÉRABLE de Moquettes, petits genres spéciaux pour bureaux, voitures, etc.

Descentes de lit (haute laine).

Descentes de lit, haute laine :

    Long^r 1^m,30, belle qualité 5 50

    —   1^m,40 . . . .   6 90

    —   1^m,50, à 9 fr. 75 c. et 10 75

    —   1^m,65, réduction fine 13 75

Descentes de canapé, réduction fine :

    Long^r 1^m,70, à 15 fr. 75 c. et 17 50

    —   extra, 22 fr. et   25   »

Descentes de lit (Moquette anglaise).

Descentes de lit, moquette à sujets et à fleurs :

    Long^r 1^m,35 sur 65 . . . .   11 50

    —   1^m,50 sur 70, à 13 fr. 50 c. et . .   14 50

    — ou canapés, extra, long^r 1^m,75 sur 80,
        19 fr. et   22   »

Une **affaire exceptionnelle** de 5,000 **Foyers** en laine,
Pompadour, long^r 1^m,45 sur » 65^c :

Le Foyer 2 75

Selon toute apparence, cet article aura un écoulement
très-prompt et nous ne pourrons garantir longtemps le prix
ci-dessus.

Carpettes en feutre anglais.

Carpettes feutre laine :

Long^r 1^m,70 sur 1^m,00 . . . . 8 90
— 2^m,20 sur 1^m,30 . . . . 12 50
— 2^m,75 sur 1^m,80 . . . . 19 »
— 2^m,70 sur 2^m,10 . . . . 25 »
— 2^m,70 sur 2^m,30, extra fort . . . . 29 »
— 3^m,20 sur 2^m,70 . . . . 42 »
— 4^m,10 sur 3^m,20 . . . . 68 »
— 4^m,50 sur 4^m,10 . . . . 90 »

Carpettes haute laine et moquette.

Carpettes haute laine :

Long^r 1^m,95 sur 1^m,20, première qualité. 29 »
Immense assortiment de Carpettes haute laine, grande
taille, qualité extra :
Long^r 2^m,25 sur 1^m,40. . . . . 39 »
Une grande affaire de Carpettes moquette veloutée :
Long^r 2^m,00 sur 1^m,40. . . . . 35 »
Carpettes moquette veloutée, extra, à sujets, à fleurs ou à
dessins smyrne :
Long^r 2^m,00 sur 1^m,40. . . . . 39 »

Magnifiques **Carpettes** moquette veloutée :

Long^r 3 mètres sur 2^m,10, article de 120 fr. et 150 fr., à 85 fr. et . . . . 95 »

Nota. — Plusieurs dessins de **Carpettes** sont assortis avec les Descentes de lit et les Canapés.

Tabourets et Poufs.

Trois mille **Poufs** Pompadour :

Le Pouf . . . . » 85

Deux mille en moquette 1 75

Choix immense de **Poufs**, cuir américain, vendus partout 3 fr., à 2 25

Tabourets palissandre, moquette à sujets et à fleurs 2 65

—   — octogones, vendus partout 4 f. 3 25

— chaufferette à drap frappé 4 25

—   — moquette à sujets et à fleurs. 5 25

Tapis de Table.

Tapis de Table algériens, frangés, 1^m,40 carré . 5 90

— supérieurs, frangés, 1^m,80 sur 1^m,40 8 75

— reps laine, frangés, 1^m,40 carré . 12 50

— reps, double face, 1^m,80 sur 1^m,40, à 15 fr. 50 c. et . . . . 19 »

— laine, encadrés, non frangés, 1^m,40 carré 11 90

— supérieurs, non frangés, 1^m,80 sur 1^m,40 . . . . 17 50

— laine et soie, coloris nouveaux, solférino, chêne, havane, etc., 1^m,40 carré . . . . 19 »

Tapis de Table laine et soie, coloris nouveaux,
        solférino, chêne, havane, etc.,
        1^m,80 sur 1^m,40 . . . . 26 »

AFFAIRE HORS LIGNE : **Tapis riches**, Pompadour, brochés :
        1^m,40 carré. . . . . 25 »
        supérieurs, à 29 fr., à 35 fr. et . . . . . 45 »

500 **Tapis** laine et soie, Pompadour riche :
        1^m,80 sur 1^m,40, valant 50 fr., à . . . . . 29 »

Assortiment considérable des **Tapis** les plus riches, depuis
  35 fr. à 45 fr. et . . . . 59 »

Tapis de Table velours anglais :
        1^m,80 carré . . . . 39 »

Dix mille carrés haute laine, la plus belle qualité. 1 75

Passementerie pour Ameublement.

Embrasses coton blanc à glands, pour petits Rideaux :
        la paire. . . . . » 20
        supérieures, la paire 30, 40, 75 cent. et. 1 25
        en crête, la paire. . . . . » 60
        supérieure, la paire 75, 95 cent. et 1 45

Grandes **Embrasses** en crête, coton blanc, pour grands
  Rideaux :
        la paire 1 f. 75 c., 2 f. 20 c. et 2 90
        laine assortie à toutes les nuances unies ou
        fantaisie, la paire. 1 90

Embrasses à glands, en laine toutes nuances :
        l'embrasse. 2 25
        grand modèle avec soie, l'embrasse. . . . 2 95
        à gros glands, très-riches, avec brins de
        soie, l'embrasse 4 75
        à gros glands, extra-riches, sur commande,
        6 fr. 75 c. et. 7 75

Cordons de Sonnettes à glands assortis, 1 f. 45 c. et.   1 75

      —   supérieurs 2 f. 25 c. et extra.   2 75

           Désigner la hauteur.

Glands pour garnitures d'édredons :

     Le jeu de 4 glands. . . . .   » 75

Crêtes chemin de fer, laine unie et fantaisie assortie :

     Le mètre 35 centimes et. . . . .   » 50

     nattes, laine toutes nuances, à 45 cent. et.   » 60

     chemin de fer, avec soie, à 75 centimes et.   » 95

     nattes, avec soie, à 95 centimes et. 1 25

     coton blanc, à 25 et 35 centimes, et. . . .   » 45

Lézardes unies et fantaisie, à 10 et 15 c., et extra.   » 20

Cordon de Tirage en coton toutes nuances :

     Le mètre 5 cent.; la pièce de 100 mètres.   4 50

     en fil, qualité forte, le mètre 5 c. et extra.   » 10

     en laine, qualité forte, le mètre 10 c. et extra.   » 20

Nota. — Nous avons établi un atelier spécial pour la confection et la pose des Rideaux. Nous pouvons fournir tout ce qui est garniture, tels que baldaquin, galeries, etc , à des prix extrêmement minimes, ayant un traité avec une des premières fabriques.

Nous nous chargeons également de la façon et pose des Tapis à raison de 40 centimes le mètre, dans n'importe quel quartier de Paris.

COMPTOIR DE LINGERIE.

Ce Comptoir est une des réputations de la maison. Sa devise est : *Elégance, Solidité* et *Bon Marché*.

Plusieurs congrégations religieuses travaillent toute l'année pour ce Comptoir, sans jamais pouvoir y suffire. N'est-ce pas le meilleur éloge qu'on puisse en faire ?

Chemises à poignets.

Chemises	Madapolam.		2 75
—	—	qualité supérieure.	3 50
—	—	qualité extra à épaulettes.	3 90
—	—	à épaulettes 2 pointes.	4 50
—	Percale, festonnées.		3 90
—	—	garnitures brodées	3 90
—	—	qualité supérieure, festonnées.	5 50
—	—	extra-festonnées	7 50
—	—	festonnées et œuillets.	9 »
—	—	pièces brodées.	11 »
—	—	— riches.	14 »
—	—	avec entre-deux et broderies.	18 »
—	—	avec entre-deux et dentelles, 22 fr., 28 fr. et.	35 »
—	Toile, à poignets et épaulettes.		4 90
—	—	— supérieures.	5 90
—	—	— extra.	7 50
—	—	— à pièces.	8 75

Chemises de toile festonnées avec épaulettes. . .   6 75

—   —   —   supérieures. .   8 50

—   —   à pièces festonnées.   11   »

Chemises de nuit.

Chemises de nuit Madapolam. 6 50

—   —   —   supérieures. . . .   7 50

—   —   Percale, unies à plis. 8 75

—   —   —   cols et manches feston-
nés. 9 50

—   —   —   extra-festonnés   11   »

—   —   —   à jabot festonné. . . .   14   »

—   —   —   cols et manches garnis
de broderie. . . .   12   »

—   —   —   à jabot, cols et manches
garnis de broderie.   15   »

—   —   —   à plastron avec entre-
deux et bandes,
20 fr., 25 fr. et. .   30   »

—   —   —   à plastron avec entre-
deux et dentelles,
30 fr., 38 fr. et. .   50   »

Camisoles.

Camisoles Madopolam. 2 45

—   —   à plis et barrettes 3 50

—   —   —   supérieures.   4 75

—   Percale fine. 5 50

—   —   extra. 6 50

—   —   cols et manchettes festonnés.   3 75

—   —   à plis et barrettes festonnés,   4 75

Camisoles percale fine supérieures. . . . . 6 »

—   —   extra avec festons et pois, supérieures. 7 50

—   —   cols et manchettes garnis de bandes brodées. . . . 9 50

—   —   cols et manchettes garnis de bandes brodées, extra. 10 50

—   —   à jabot, cols et manchés festonnés. 12 50

—   —   avec entre-deux et bandes brodées, 15, 20, 25 fr. et. 30 »

Pantalons.

Pantalons Madapolam unis. 2 4

—   —   supérieurs. 2 75

—   —   extra. 3 50

— Percale unis. . . . . 3 »

—   — à plis. 3 50

—   —   — supérieurs. 4 75

—   —   — extra. 5 50

—   — à festons et plis. 4 75

—   — à festons et plis, extra. . . . 6 »

—   — fine à festons et 7 plis. . . . 7 50

—   —   — brodés à petits dessins. . 8 75

—   —   — avec entre-deux et plis. 6 50

—   —   — avec entre-deux et plis, extra. 7 75

—   —   — avec entre-deux, riche. . 9 »

— molleton uni. 3 90

— piqué molletonné. 4 75

—   — supérieurs. 5 90

Jupons.

Jupons Madapolam .

Larg^r 3^m,20.	5 50
— 4^m,00, supérieurs.	6 90
— 4^m,00, extra.	7 50

— Percale :

Larg^r 3^m,20.	6 50
— 4^m,00, supérieurs.	7 75
— 3^m,20, à trois plis.	7 50
— 4^m,00, à trois plis, supérieurs. . .	9 »
— 3^m,80, à cinq plis, extra.	12 »
— 3^m,80, à six plis, extra fins. . . .	14 »
— 3^m,80, à neuf plis.	17 »
— 3^m,70, à un volant.	6 75
— 3^m,70, — supérieurs. . .	8 50
— 4^m,00, — extra.	10 50
— 3^m,70, à un volant et cinq plis. . .	14 »
— 3^m,70, à un volant et cinq plis, sup^{rs}.	16 »
— 3^m,50, à deux volants.	9 »
— 3^m,80.	10 »
— 3^m,80, à deux volants, soutachés noir.	11 »

— Percale fine :

Larg^r 3^m,80, à deux volants et six plis. . .	18 »
— 4^m,00, à deux volants et six plis, sup^{rs}.	21 »
— 3^m,80, avec plis et entre-deux, brodés.	15 »
— 3^m,80, avec plis et entre-deux, bro- dés, supérieurs, 18 fr. et.	20 »
— 4^m,00, avec plis et entre-deux, bro- dés extra, 25 fr. et. . . .	35 »
— 4^m,25, brodés et plis à jour, 14 fr. et.	16 »

Jupons en piqué anglais . larg^r 2^m,80 . . . . 5 90

—   —   2^m,80, supér^s. . 7 75

—   —   3^m,70, extra . . 10 »

Jupons laine.

Jupons noirs et blancs à volant :

    larg^r 3^m,60, nuances variées. 9 75

    — 3^m,80,   —   supérieurs. . 15 »

    — 3^m,60, avec garniture de velours uni. 11 »

    — 3^m,60,   —   — brodé. 16 »

    — 3^m,60, avec garniture fantaisie, 18, 24 et 30 »

    — moire anglaise noire :

    larg^r 3^m,60... . . . . 15 »

    — 3^m,60, avec garniture de velours uni. 18 »

    — 3^m,60,   —   — brodé. 22 »

    — moire anglaise noire et couleur :

    larg^r 3^m,60, supérieurs . . . . : 20 »

    — 3^m,60, avec garniture de velours brodé. 25 »

Crinolines, étoffe laine.

Jupons noirs et blancs à 6 ressorts , ... 5 75

     —   7   — 7 50

     —   9   — 8 25

— laine et coton toutes nuances : 7 ressorts. 9 50

     —   —   9   —   12 »

     —   —   12   —   15 »

     —   —   15   —   18 »

Jupons tout laine : 7   —   . . . .   12 »
       —   9   —   . . . .   15 »
       —   12   —   . . . .   20 »
       —   15   —   . . . .   24 »
   — cachemire toutes nuances . . 12 ressorts . .   20 »
       —   —   15   —   25 »

Crinolines brillantées.

Jupons brillanté à 5 ressorts 6 75
       —   7   — 8 75
       —   9   —   . . . .   12 »
       —   12   — 14 50
       —   15   — 16 50
       —   18   —   . . . .   18 »
       —   20   —   . . . .   20 »

Jupons-cages américains (brevetés).

Jupons coton blanc à 10 ressorts 5 50
       —   12   — 6 25
       —   16   — 7 75
       —   20   — 9 75
       —   25   — 12 50
       —   30   — 14 50
       —   40   — 19 50
   — laine Magenta 10   — 7 50
       —   12   — 8 50
       —   16   —   . . . .   10 »
       —   20   — 12 75
       —   25   —   . . . .   16 »
       —   30   — 19 50
       —   40   —   . . . .   23 »

Housses pour garnitures de cages.

Housses en mousseline rayée, hauteur 0^m,30. . .   5   »
—   festonnées, h^r 0^m,30.   7   »

Bonnets de nuit.

Bonnets de nuit marquise. 1 25
—   mignon 1 45
—   en brillanté, garnis de dentelle.   » 60
—   —   festonnés. . . . .   » 75
—   —   supérieurs   1   »
—   en percale, festonnés. 1 10
—   —   extra 1 50
— de matin, fantaisie. 3 75
—   nouveauté 4 75
—   —   garnis de dentelle. . . .   7 50
—   —   —   valenciennes . . 10   »
—   —   —   —   su-
       périeurs . . . . 15, 20 et 25   »
—   linge, à rubans 3 50
—   —   avec guipure. 6 50
—   —   avec valenciennes 12, 20, 25 et 35   »

Mouchoirs.

Mouchoirs batiste ourlés à jour 1 25
—   —   —   supérieurs . . .   1 45
—   —   —   extra, 2, 2 50, 3 et 4   »
—   —   —   avec chiffre brodé.   1 45
—   —   —   avec écusson et
           chiffre. . . .   1 95

Mouchoirs batiste ourlés à jour avec écusson et
chiffre, sup^rs. 2 95

— — — broderie riche,
3 50, 6 50 et 8 50

— — — broderie riche, ex-
tra, 10, 15, 20 et 25 »

— application Bruxelles, riche, 12 50, 15, 20 et 25 »

Taies d'oreiller.

Taies d'oreiller en fine toile, avec écusson brodé. 5 90
— — avec écusson brodé
aux quatre coins. 8 75

Parures.

Cols et Manches en percale, brodés noir, la parure. 2 95
— en fine toile . . . . — 2 95
— en toile, brodés et gansés. — 3 90
— — gansés avec valenc^e — 3 90
— — — avec valen-
cienne, sup^rs. — 5 75
— — ourlés à jour. . . — 4 75
— — av. bandes brodées. — 6 75
— — — sup^r — 7 50
— en mousseline, fantaisie. . — 2 95
— — fant. nouveauté. — 3 90
— — avec entre-deux
et valencie^nnes — 7 50
— — avec entre-d. et
valen^nes, sup^rs — 8 75
— — très-élégants, 10, 12 et 15 »
— — très-riches, 18, 25, 30 et 35 »

Cols plats.

Cols en toile. . . . . à 0,75, 0,95 et   1 10
—   —   avec deux piqûres. à 1 25, 1 50 et   1 75
—   —   —   extra . à 2, 2 25 et   2 50

Manches.

Manches plates en percale, forme nouvelle 1 45
—   —   —   —   supérieu^{res} 1 75
—   —   en toile   — 2 25
—   —   —   —   extra. . .   2 75
—   —.   — triples — 3 25

Manchettes.

Manchettes percale, forme nouvelle, 75 c., 95 c. et   1 25
—   toile,   —   1 fr. 50 c., 1 fr.
75 c. et . .   2 »

COMPTOIR SPÉCIAL DE DENTELLES.

Pèlerines guipure.

Pèlerines guipure. 8 75
—   —   supérieures. 9 75
—   —   extra . . . .   15 »
—   —   dessins riches, à 20 fr., 25 fr.,
29 fr. et . . . .   35 »

Voilettes.

Voilettes masque fantaisie, bordure chenilles, à
60 c., 1 fr. 25 c. et 1 50

Voilettes masque, fond brodé avec chenilles et jais,
1 fr. 95 c., 2 fr. 75 c. et . .   3 75

—   fantaisie, 65 c.. 95 c., 1 fr. 25 c. et . .   1 50

—   —   avec fonds semés, bord soie, 1 fr.
95 c., 2 fr. 50 et 2 95

—   —   avec fonds semés, supérieures,
3 fr. 50 c., 4 fr. 50 c. et . .   5 50

EXCEPTIONNEL. Voilettes masque, dentelle Chantilly
avec jais ou chenilles. 2 95

Voilettes bordure dentelle, 5 fr., 5 fr. 75 c. et.   6 75

—   —   supérieures, 7 fr. 75 c.,
10 fr., 12 fr. et. . .   15   »

—   riches tout dentelles sur barres, 20 fr.,
25 fr., 35 fr. et.   45   »

—   application d'Angleterre, 21 fr., 29 fr. et   40   »

Volants dentelle noire de Chantilly, pour robes et confections,

Volants, hauteur 0^m,25, le mètre   20   »

—   —   0^m,25,   —   25   »

—   —   0^m,30,   —   27   »

—   —   0^m,30,   —   30   »

—   —   0^m,35,   —   29   »

—   —   0^m,35,   —   34   »

Cols et parures application.

Cols application, 2 fr. 95 c., 3 fr. 90 c. et . . .   5 90

—   supérieurs, 6 fr. 75 c., 7 fr. 50 c. et   8 75

—   riches, 10 fr., 15 fr., 20 fr., 25 fr. et   35   »

Cols et manches application 12 50

  —   —   supérieurs . . . . 18 »

  —   —   extra . . . . 22 »

  —   —   riches, 25 fr., 35 fr.,
                        45 fr., 55 fr. et . . 75 »

Guipures pour robes et confections.

Guipures, hauteur 0^m,01 . . . . 0 55

  —   — 0^m,02 à 0^m,03, 75 c., 95 c. et. 1 10

  —   — 0^m,03 à 0^m,05, 1 fr. 25 c., 1 fr.
               50 c. et. 1 75

  —   — 0^m,07 à 0^m,09, 2 fr. 25 c., 2 fr.
               75 c. et. . . . . 3 »

  —   — 0^m,12 . . . . 2 90

  —   — 0^m,15 . . . . 3 90

  —   — 0^m,15 . . . . 5 90

  —   — 0^m,18 . . . . 7 50

  —   — 0^m,22 . . . . 11 »

  —   — 0^m,25 . . . . 15 »

Entre-deux imitation pour garnitures de robes.

Entre-deux, hauteur 0^m,02 à 0^m,04, 20 c., 35 c.
               55 c. et 0 70

  —   — 0^m,05 à 0^m,07, 60 c., 70 c.,
               90 c. et 1 10

  —   — 0^m,07 à 0^m,09, 1 fr. 20 c.,
               1 fr. 50 c. et 1 75

Entre-deux en dentelle et en guipure.

Entre-deux, hauteur 0^m,02 à 0^m,04, 90 c., 1 fr.
20 c. et 1 50
—   —   0^m,04 à 0^m,05, 1 fr. 75 c.,
2 fr. 25 c. et 2 75
—   —   0^m,05 à 0^m,07, 3 fr. 50 c.,
4 fr. 75 et 6 50

Dentelles en valenciennes fil.

Dentelles, hauteur 0^m,01, 45 c., 55 c., 65 c., 85 c.
et   1   »
—   —   0^m,01 à 0^m,02, 90 c., 1 fr. 10 c.,
1 fr. 25 et 1 50
—   —   0^m,02 à 0^m,03, 1 fr. 75 c., 2 fr.
25 c., 2 fr. 50 et 2 75
—   —   0^m,03 à 0^m,05, 3 fr. 25 c., 3 fr.
75 c., 4 fr. 50 c. et 5 50

Tirettes de Belgique pour garniture de linge.

Tirettes, hauteur 0^m,01 à 0^m,02, 25 c., 30 c., 40 c.,
55 c. et 0 75

Lingerie pour Deuil.

Cols crêpe, unis, 75 c., 1 fr. et 1 25
—   avec lacets, 1 fr. 25 c., 1 fr. 50 c. et   1 75
—   avec biais, crêpe ou soie, 1 fr.
50 c., 1 fr. 75 c. et   2   »
—   soutachés, 1 fr. 75 c., 2 fr. 25 c. et   2 75

Cols crêpe, unis, brodés en jais. 1 fr. 75 c., 2 fr.
    50 c. et 2 90

—   brodés, soie fantaisie, 3 fr., 3 fr.
    50 c. et 4 50

— guipure, brodés soie fantaisie, 1 fr.
    25 c., 1 fr. 75 c. et 2 25

—   supérieurs, 2 fr. 75 c., 3 fr.
    50 c. et 4 50

Cols et Manches, crêpe fantaisie (nouveauté), 4 fr.
    75 c. et. 5 75

—   crêpe fantaisie, supérieurs, 7 fr.
    50 c., 8 fr. 75 c. et . . . . . 10 »

Bonnets crêpe, 3 fr. 75 c. et 4 50

—   double, 5 fr. 50 c. et . . . . . . 7 »

—   avec gaze de soie et rubans, 4 fr.
    75 c., 5 fr. 50 c. et . . . . . 7 »

—   imitation dentelle. 7 fr., 8 fr. et . 10 »

Articles pour layettes.

Chemises toile, unies, 95 c. et 1 25

—   festonnées, 1 fr. 95 c. et 2 75

—   avec valenciennes, 2 fr. et . . . 3 »

Brassières en piqué, 95 c. et 1 25

—   festonnées, 1 fr. 60 c., 2 fr.
    25 et 2 75

—   en flanelle, 1 fr. 60 c. et . . 1 95

Béguins en toile, à 65 c., 75 c. et . . . . » 95

—   festonnés, 1 fr., 1 fr. 25 c. et . . 1 50

— en piqué, 60 c., 70 c. et . . . . . . » 80

—   festonnés, 90 c., 1 fr. et 1 25

Bavoirs en piqué, 60 c., 75 c. et . . . . » 90
— festonnés, 1 fr. 45 c. et 1 75
— avec bandes brodées, 2 fr. 75 c. et 3 50
— soutachés, 2 fr., 2 fr. 25 c. et . 2 50
nnets de baptême, imitation, 2 fr. 50 c. et . . . 3 75
— avec valenciennes, 6 fr. 50 c. et 7 75
— — supérieurs, 8 fr.
75 c. 10 fr. et. 12 »
— — riches, 15 fr.,
20 fr. et . . 25 »
Manteaux, en piqué soutaché. . . . . 19 »
— — riche, 25 fr., 30 fr. et 40 »
Robes de baptême, 7 fr. 75 c. et 8 75
— supérieures, 10 fr. et . . . . . 12 »
— avec jolie garniture, 15 fr.,
20 fr., 25 fr. et . . . . . . 35 »

Layette complète se composant des objets ci-après :

3 Chemises en toile. . . . .
1 Brassière en flanelle. . . . .
3 — en piqué. . . . . . .
1 — — festonné. . . . . .
3 Béguins en toile . . . .
3 — en flanelle. . . . .
3 — en piqué garnis . . . .
2 Bonnets linge . . . .
1 — de baptême . . . .
2 Langes de laine . . . .
2 — de coton . . . .
1 paire Bottines piquées . . . . . .

Le tout pour **39 Fr.**

Trousseau complet se composant des objets ci-après :

24 Chemises en toile. . . . .
12   —   festonnées . .
6   —   en percale fine, brodées
6   —   de nuit en percale. . .
6 Camisoles en percale . . . .
6 Pantalons   —   . . . .
6   —   —   festonnés. .
3 Peignoirs à coiffer . . . .
6 Jupons en percale . . . .
3   —   à plis . . . .
3   —   fantaisie . . . .
6 Bonnets de nuit . . . .
36 Mouchoirs en toile . . . .
6   —   —   ourlés à jour .
1   —   —   brodé. . . . .
12 Taies d'oreiller en toile . . . . .
24 Serviettes de table . . . .
12   —   d'office . . . .
6 Nappes. . . . .
1 Service damassé . . . .
48 Torchons . . . .
12 paires Draps . . . .

> Le tout pour 1,200 Fr,

Trousseau complet se composant des objets ci-après :

```
12 Chemises Madapolam, unies . . . .
 3    —         —        festonnées .
 1    —         —        brodées . .
 3    —       de nuit en Madapolam .
 6 Camisoles à plis et barrettes. . .
 6 Pantalons percale à plis. . . . .
 3    —         —       festonnés . .
 6 Jupons Madapolam . . : . . . .
 1    —         —       avec plis . . .
 1    —         —       avec volant . .      } Le tout pour 500 Fr.
 6 Bonnets de nuit . . . . . . . .
24 Mouchoirs de toile . . . . . . .
 1    —         —       brodés . . . .
12 Taies d'oreiller en toile. . . . .
24 Serviettes de table . . . . . . .
 2 Nappes . . . . . . . . . . .
 1 Service damassé . . . . . . . .
24 Torchons . . . . . . . . . . .
 6 paires Draps en toile fine .   . . .
```

Peignoirs.

```
Peignoirs indienne foncé et fond blanc. . . . . .     7 75
   —      fantaisie laine. . . . . . . . . . .      13 75
   —         —      — avec jolies garnitures. .    15 50
   —         —      — très-élégants. . . . . .     19  »
   —         —      — haute nouveauté, 25 fr.,
                       39 fr. et . . . . . . .      35  »
```

ARTICLE EXCEPTIONNEL :

Robes de chambre unies, toutes nuances, doublées
  et ouatées . . . .   29 »

COMPTOIR

DE

BONNETERIE ET CHEMISES

Ce Comptoir, aussi un des plus anciens de la maison, jouit des avantages que donne *l'expérience* et qui se traduisent par ces quelques mots :

Bon et bon marché.

Nous avons complété ce Comptoir par un assortiment très-varié d'articles spéciaux pour enfants.

Bas de laine (pour femmes).

Bas de laine. . . . . (blancs). . . .	1 75
— flanelle, forts. . . . . —	1 95
— — 4 et 5 fils. . . . . —	2 25
— — très-forts . . . . . —	2 40
— — mérinos. . . . . . . —	2 75
— — — extra . . . —	2 95
— — — 4 fils . . . —	3 50
— — — anglais . . —	3 50
— mérinos extra-fort. . . . . . —	3 90
— — fin, 4 fils . . . . . —	4 25
— cachemire. . . . . —	5 50
— — pur, très-fin . . . —	6 50
— de laine, 3 fils. . . . . (noirs)	1 75
— — 3 et 4 fils. . . . . . —	1 95
— — forts . . . . —	2 40

Bas de flanelle extra . . . . — . . . 2 60
— — mérinos . . . . — . . . 2 90
— mérinos pur . . . . — . . . 3 25
— — fin . . . . — . . . 3 50
— — extra, 4 fils . . . . — . . . 3 90
— cachemire . . . . — . . . 4 50
— — pur, très-fin . . . — . . . 5 50
— — — sup^r. — . . . 6 75
— de laine . . . . (beige et cachou). 1 75
— — 4 fils . . . . . . — 2 10
— — forts . . . . . . — 2 40
— flanelle 3 et 4 fils . . — 2 75
— mérinos . . . . — 3 50
— — forts . . . . . — 4 25
— cachemire . . . . . . — 5 »
— — très-fin . . . — 5 75
— — pur extra . . — 7 25
— de laine, rayés, très-forts — 3 90
— mérinos, extra . . — 4 50
— — rayés, haute
— — nouveauté . — 5 75
— cachemire . . . . . . — 6 50
— filoselle . . . . (noirs) . . . 5 75
— — très-forts . . . . . — . . . 6 50
— — qualité extra . . . — . . . 7 75
— — pure soie, très-fins — . . . 10 50

Bas de coton (pour femmes).

Bas coton . . . . (en écru) . . . 1 95
— 3 et 4 fils . . . . — . . . 2 25

Bas coton, supérieurs . . . . . .   —   . . . 2 50
—   de Géorgie, 4 et 5 fils .   —   . . . 2 75
—   —   très-fin . .   —   . . . 3 25
—   rticle de Paris . . .   —   . . . 4 »
—   —   extra à baguettes   —   . . . 4 50
—   cousus . . . . (blancs) . . . 1 50
—   diminués 3 fils . . . .   —   . . . 1 95
—   —   3 et 4 fils .   —   . . . 2 25
—   —   très-forts . .   —   . . . 2 50
—   —   supér^s fins .   —   . . . 2 75
—   —   extra . . .   —   . . . 3 25
—   Louisiane . . . .   —   . . . 4 »
—   de Paris . . . .   —   . . . 4 25
—   —   à baguettes . .   —   . . . 5 25
—   cachou 3 fils 1 75
—   —   3 et 4 fils 2 10
—   —   qualité forte 2 50
—   —   supérieurs, très-fins 2 90
— fil d'Écosse, noir et blanc, 5 fils 2 75
—   —   blancs, unis 0 95
—   —   supérieurs 1 75
—   —   fins, très-belle qualité 2 25
— cordonnet, 5 fils 3 25
—   —   extra, très-fins 4 50
— fil d'Écosse, blancs à jours 1 25
—   —   bonne qualité 1 75
—   —   très-fins, 1er choix 2 25
—   —   blancs à jours, jolis dessins . . . 3 50
—   —   brodés à jours 4 50

Bas coton rose 2 50
— de soie, blancs, brodés. 10 50
· —   —   —   —   très-fins 13 50

Bas et chaussettes de laine (pour hommes).

Chaussettes laine. . . . . (blanches).   1 75
—   — bord à côtes 3 et 4
        fils. . . . . . .   —   1 95
—   de flanelle, fortes. . . .   —   2 25
—   — 4 et 5 fils. .   —   2 60
—   de mérinos. . . . .   —   2 90
—   — extra . . .   —   3 50
—   — très-fines. .   —   3 90
—   cachemire . . . .   —   4 50
—   — pur, très-fines.   —   5 75
—   de laine . . . . . (beige et cachou)   1 60
—   — bord-côtes,
        3 fils . .   —   1 80
—   — bord-côtes,
        3 et 4 fils.   —   2 10
—   de flanelle, fortes .   —   2 40
—   de mérinos . . . .   —   2 75
—   de mérinos, très-grosses, beige et cachou   3 25
—   cachemire-mérinos . . .   —   3 90
—   — pur, très-fines.   —   4 50
—   de laine, rayées, bord à côtes. 1 75
—   — fantaisie, 4 fils. 2 40
—   de mérinos, — h^te nouveauté, 3 fr. et   3 50
—   de cachemire anglais 4 25

Chaussettes de laine, tricotées.	» 65
— — — très-fortes.	1 25
— bord à côtes, belle qualité. .	1 75
— drapées.	1 75
— — supérieures.	2 50
Bas de laine. . . . . blancs.	4 50
— — 4 et 5 fils. . . . . —	5 25
— de mérinos, très-forts. . . . . . . —	6 50
— de laine, 4 fils. . . . . noirs.	4 25
— de flanelle, forts. . . . . —	5 »
— de mérinos, extra. . . . . —	5 75
— de laine. . . . . beige et cachou.	4 »
— — très-forts . . . . —	5 25
— de flanelle, extra, 5 et 6 fils. —	6 50
— de mérinos, 7 et 8 fils . . —	7 50
— de filoselle, noirs, pour prêtres	6 90
— — — — supérieurs. .	7 75
— — — — très-forts. . .	9 50

Chaussettes de coton pour hommes.

Chaussettes de coton, bord à côtes . . . en écru.	1 25
— — 4 fils . . . . —	1 50
— — 4 et 5 fils, sup[res]. —	1 75
— — qual. extra, tr.-fin. —	1 95
— — Louisiane . . . . . —	2 50
— de coton. . . . . blanc	1 75
— — très-fines. . . . . . —	2 25
— de fil d'Écosse, extra-fines. . . —	3 »
— de fil perse de Paris. . . . . . —	4 »

Chaussettes coton, rayées, bord-côtes. 1 25
—   —   fantaisie. 1 60
—   —   rayées, haute nouveauté.. . .   1 95
—   —   —   supérieures. 2 25
—   —   imprimées, fond blanc. . . .   2 50
—   de fil perse, unies, très-fines : . . .   2 75
—   rayées, fantaisie 3 50
—   fil écru, bord-côtes. . . . .   » 95
—   —   4 fils. 1 25
—   décaties, très-fortes. 1 60
—   —   supérieures, très-fines. . . .   1 95
—   de coton, bord à côtes, cachou. . . .   1 25
—   —   3 et 4 fils. 1 50
—   —   d'Amérique, 4 et 5 fils. . .   1 75
—   —   mouliné, bleu et blanc. . .   1 75

Tricots de laine pour hommes.

Gilets estame, blancs. 5 25
—   —   4 et 5 fils 6 25
—   flanelle forte. 6 75
—   mérinos, très-longs. 7 50
—   —   supérieur. . . . .   8 »
—   mérinos-cachemire . . . .   10 »
—   cachemire pur . . . .   15 »
—   —   très-fin. 18 50
—   —   anglais. 4 50
—   estame, forts, beige. 5 75
—   flanelle, extra. 6 50
—   —   très-forte. 7 75

Gilets estame, ponceau..	10 »
— — — supérieurs..	12 50
Pantalons estame, blancs	7 50
— — 4 et 5 fils.	8 25
— — forts.	9 50
— mérinos	12 25
— — extra	14 50
— cachemire-mérinos	16 75
— — très-fin	18 50
— mérinos ponceau.	12 25
— — supérieurs.	14 50
Gilets de laine, blanc et beige, à côtes.	12 »
— — supérieurs. . . .	14 25
— — extra-forts. . . .	16 »
Pantalons de laine, blanc et beige, à côtes. . . .	12 50
— — bords à côtes, sup[rs].	14 25
Gilets de chasse à poches, côtes anglaises, haute nouveauté de la saison. . . .	9 50
— — supérieurs.	10 75
— laine mérinos, nuances fines . .	12 75
— — extra	15 »
— — haute nouveauté .	18 25
— cachemire, côtes couvertes. . .	20 50

Tricots de coton pour hommes.

Gilets coton écru.	2 50
— — bord à côtes, très-forts.	3 25
— — Géorgie, 4 fils.	5 25
— — extra.	6 50
— — à maillots, 3 boutons.	7 50

Pantalons coton écru. 2 50
—   —   bord à côtes, forts 3 25
—   —   supérieurs. 4 50
—   —   avec ceintures corset . . . 5 75
—   bourre cachemire. 7 25
—   à côtes très-grosses. 7 75
—   coton Géorgie, unis, très-fins. . . . . . 10 »

Tricots de laine (pour femmes).

Camisoles estame blanc 5 50
—   —   4 et 5 fils. 6 75
—   flanelle mérinos 7 50
—   —   supérieurs. 8 25
—   mérinos-cachemire. 10 50
—   —   pur 12 75
Caleçons estame blanc. 6 50
—   —   forts 7 25
—   —   6 et 7 fils. 8 50
—   mérinos-cachemire 9 75
—   cachemire, forts 10 50
—   —   très-fins. . . . . 12 »
Camisoles de laine à côtes, blanc et beige. . . . 6 50
—   —   très-belle qualité 7 75
—   —   supérieures. 9 25
Jupons de laine blanc et beige. 6 75
—   —   —   supérieurs. . . . 7 50
—   —   —   très-larges, extra. 9 50
—   de laine mérinos 10 25
—   mérinos pur 13 50
—   cachemire pur, très-fins . . . . 20 »

Tricots de coton (pour femmes).

Camisoles coton écru, unies 2 75
— — bord à côtes. 3 50
— coton supérieur. 4 50
Camisoles coton, petit piqué, peluchés, à taille
(article breveté) :
— pour petites femmes. 3 25
— pour femmes ordinaires. 3 75
— pour grandes femmes 4 25
— pour femmes patron. 4 75
Caleçons coton écru, unis 1 75
— — forts. 2 25
— — bord à côtes, très-larges. . 3 »
Caleçons petit piqué, peluchés, à ceintures (article
breveté) :
— pour petites femmes. . . . . 4 »
— pour femmes ordinaires . . 4 50
— pour grandes femmes . . . 5 50
— pour femmes patron. . . . 6 25
Jupons coton gaufré, sans ceintures . . . . 3 »
— — forts 3 50
— — très-larges. 4 25
— — montés avec ceintures, coton supérieur 5 50
Jupons coton, petit piqué, peluchés, avec ceintures (article breveté) :
— pour petites femmes. 5 25
— pour femmes ordinaires 5 75
— pour grandes femmes. 6 25
— pour femmes patron 6 75

Genouillères de laine, à côtes, blanc, beige ou
    ponceau :

    —   bonne qualité, la
                    paire 1 50

    —   supérieures . .   1 90

—   de mérinos. 2 50

Chaussons de nuit, maille double 1 50

    —   —   estame blanc et beige 1 10

    —   —   —   supérieurs. 1 50

    —   —   flanelle mérinos. 1 80

Bonnets coton écru, pour hommes. 1 10

    —   —   supérieurs. 1 50

    —   Géorgie, très-fins 1 80

    —   blanc. 0 95

    —   extra. 1 25

    —   très-fin. 1 50

    —   —   7 et 8 fils. 1 90

    —   mi-soie noire. 2 50

    —   filoselle, belle qualité 2 90

    —   —   supérieurs, très-fins, pour
                  voyage. 3 25

Calottes coton rayé. . . . .   » 65

    —   —   fantaisie 1 25

Bonneterie, fantaisie (nouveauté).

Manches tricot de laine . . . . la paire.   2 95

    —   —   rayures fantaisie. 3 75

    —   mérinos. 4 25

    —   —   extra. 4 90

Manches cachemire, ruchées. 3 90
—   —   supérieures (haute
                               nouveauté) 4 75
—   coton blanc et rose, bord à côtes, la paire.   1 10
—   —   supérieures 1 50
—   mérinos unies. 1 90
—   —   extra. 2 25
—   cachemire, unies. 2 50
Poignets laine, nuances unies, la paire. . . . . .   » 65
—   —   belle qualité. 1 25
—   mérinos, très-longs. 1 50
—   rayés, fantaisie 1 75
—   soie, doublés. 2 10

Capelines tricot et Capelines cachemire, Pèlerines, Fichus et Fanchons tricot.

Capelines tricot neige avec pèlerines. 5 75
—   haute nouveauté avec effilés.   6 25
Capelines cachemire, ruchées, toutes nuances, pour
                          femmes (non doublées).   8 75
—   —   —   doublées soies. 10 75
—   —   —   ouatées. 11 25
—   —   —   doublées flanelle, en
                          toutes nuances. . . 12 25
Capelines cachemire, ruchées, toutes nuances, pour
                          fillettes (non doublées).   6 90
—   —   —   doublées soie..   7 75
—   —   — pour fillettes, oua-
                          tées et soutachées.   8 25
— —   —   — doublées en flanelle.   8 75

Pèlerines tricot neige. 6 90
— — doublées. 8 25
— — — très-grandes. . . 8 75
— tricot Astrakan 8 50
— — neige avec capelines, haute nouveauté 5 50
Fichus laine, tricotés. 1 80
— mérinos fantaisie. 2 75
Coiffures au crochet. 2 40
— ruchées. 3 50
Fanchons tricotés. 2 25
Capelines tricot laine, fantaisie. 3 90
— — — — supérieures. . . 4 75
— — — rayées, toutes nuances . . 6 25
— — — formes nouvelles. 8 75

Comptoir spécial d'articles de Bonneterie et de Ganterie pour Enfants.

Bas de laine pour enfants :	1 à 2 ans.	3 à 4 ans.	5 à 6 ans.	7 à 8 ans.	9 à 10 ans.	11 à 12 ans.
	fr.	fr.	fr.	fr.	fr.	fr.
Bas de laine à côtes, blancs, la paire .	0 95	1 15	1 40	1 60	1 80	2 10
— mérinos blanc, côtes fines, qualité extra.	1 50	1 75	2 10	2 40	2 75	3 25
— — cachemire, 1re qualité . .	2 »	2 40	2 75	3 10	3 50	4 »
— laine rayée à côtes.	» 95	1 15	1 40	1 60	1 80	2 10
— — mérinos, fantaisie, côtes fines	1 50	1 75	2 10	2 40	2 75	3 25
— mérinos cachemire, nouveauté de la saison.	2 »	2 40	2 75	3 25	3 75	4 50
— laine, beige et cachou	» 95	1 15	1 40	1 60	1 80	2 10
— — mérinos, côtes fines, extra .	1 25	1 60	1 90	2 25	2 60	3 »
— estame, blanc et beige, très-forts .	» 95	1 25	1 60	1 90	2 30	2 60

Bas de coton :

	1 à 2 ans.	3 à 4 ans.	5 à 6 ans.	7 à 8 ans.	9 à 10 ans.	11 à 12 ans.
	fr.	fr.	fr.	fr.	fr.	fr.
Bas coton blanc, unis	» 95	1 25	1 50	1 75	2 »	2 25
— — — belle qualité	1 25	1 35	1 65	2 10	2 50	3 »
— — — à côtes	1 25	1 50	1 75	2 »	2 25	2 50
— — écru, très-forts	1 25	1 60	1 90	2 25	2 60	3 »
— — rayé et chiné	1 40	1 75	2 10	2 50	2 90	3 25
— — fantaisie à côtes	1 75	2 10	2 40	2 75	3 10	3 50
— — cachou, unis, forts	» 75	1 »	1 25	1 50	1 75	2 »
— — chiné bleu et blanc	» 95	1 20	1 45	1 75	2 10	2 50

GRAND ASSORTIMENT de Bas fil d'Écosse unis et à jour.

Chaussettes de coton écru et blanc :

	1 à 2 ans.	3 à 4 ans.	5 à 6 ans.	7 à 8 ans.	9 à 10 ans.	11 à 12 ans.
	fr.	fr.	fr.	fr.	fr.	fr.
Chaussettes coton écru, bord à côtes, très-forts	» 85	» 95	1 15	1 35	1 60	1 80
— — rayé fantaisie, bord à côtes	» 80	» 95	1 20	1 40	1 60	1 80
— — chiné bleu et blanc	» 65	» 80	» 95	1 10	1 35	1 60
— — imprimé, fond blanc, haute nouveauté	1 10	1 40	1 65	1 90	2 25	2 60

Tricots de laine et de coton :

	5 à 6 ans.	6 à 8 ans.	9 à 10 ans.	11 à 12 ans.	13 à 15 ans.
	fr.	fr.	fr.	fr.	fr.
Gilets laine, blanc et beige	»	4 25	5 25	5 75	6 50
— coton écru, bord à côtes, très-forts	2 »	2 25	2 50	2 75	3 »
Pantalons	2 25	2 50	2 75	3 »	3 25
Camisoles, petit piqué, peluchées (art. brev.)	1 95	2 25	2 50	2 75	3 25
Caleçons	2 25	2 50	2 75	3 10	3 75

	1 à 2 ans.	2 à 3 ans.	4 à 5 ans.	6 à 7 ans.	8 à 9 ans.	10 à 11 ans.	12 ans.
	fr.	fr.	fr.	fr.	fr.	fr.	fr.
Maillots, petit piqué, peluchés, article breveté	2 75	3 »	3 25	3 50	3 75	4 »	4 25
— coton écru	1 50	1 75	2 »	2 25	2 50	2 75	3 »

	1 à 2 ans.	3 à 4 ans.	5 à 6 ans.	7 à 8 ans.	9 à 10 ans.	11 à 12 ans.
	fr.	fr.	fr.	fr.	fr.	fr.
Robes coton gaufré	1 »	1 25	1 50	1 75	2 »	2 25
— petit piqué, peluchées, article breveté	2 50	2 90	3 25	3 75	4 25	4 75
— laine blanche et beige à côtes .	2 90	3 50	3 90	4 50	5 75	6 25
— barége blanc.	1 75	2 25	2 60	2 90	3 50	3 90
Brassières laine blanche à côtes. . . .	1 75	2 10	2 50	2 90	3 25	3 75
— barége blanc.	1 25	1 60	1 95	2 25	2 40	2 90
Jupons coton, petit piqué, peluchés, article breveté	»	2 25	2 60	3 »	3 75	4 50

Chaussons laine, tricotés, blanc et couleur. . . .   1 25

— — fantaisie 1 60

— mérinos 2 75

— cachemire, ruchés, riches garnitures, pour baptême 2 75

Guêtres, gants et mitaines pour enfants :	2 ans.	2 à 3 ans.	4 à 5 ans.	6 à 7 ans.	8 à 9 ans.	10 ans.
	fr.	fr.	fr.	fr.	fr.	fr.
Guêtres tricot, laine rayée et unie. . .	2 10	2 40	2 75	3 »	3 50	3 90
— castor, toutes nuances.	3 50	4 25	4 75	5 75	6 50	7 75
— bottes, haute nouveauté	3 50	4 »	4 50	5 »	5 50	6 »
Gants fil d'Écosse, unis, très-fins, poignets, à damiers, haute nouveauté. .	1 20	1 40	1 65	1 90	2 25	2 50

Gants fil d'Écosse, unis, pour enfants de tout âge..   0 45

	2 ans.	3 à 4 ans.	5 à 6 ans.	7 à 8 ans.	9 à 10 ans.	11 à 12 ans.
	fr.	fr.	fr.	fr.	fr.	fr.
Gants de castor.	» 95	1 25	1 50	1 75	2 »	2 25
— — à manchettes fantaisie.	1 25	1 50	1 75	2 10	2 50	2 90

GRAND ASSORTIMENT de Gants de peau pour enfants.

	2 ans.	3 à 4 ans.	5 à 6 ans.	7 à 8 ans.	9 à 10 ans.	11 à 12 ans.
	fr.	fr.	fr.	fr.	fr.	fr.
Mitaines filet, belle qualité	» 75	» 95	1 15	1 30	1 50	1 75
— longues, noires et blanches, haute nouveauté	1 10	1 30	1 60	1 90	2 25	2 60

Mitaines laine noire. . . . . toutes tailles . . . . » 65

— mérinos fantaisie . — 1 25

— — haute nouv. — 1 75

— à manchettes . . . — . . . . 2 »

Poignets laine. . . . . — . . . . » 70

— mérinos fantaisie . — 1 25

— — supérieurs. — 1 50

Capelines, pèlerines et fichus en tricot pour enfants :

	1 à 2 ans.	3 à 4 ans.	5 à 6 ans.	7 à 8 ans.	9 à 10 ans.
	fr.	fr.	fr.	fr.	fr.
Capelines tricot laine.	» 95	1 15	1 45	1 65	1 85
— — — mérinos	1 75	2 10	2 50	2 90	3 25
— — — — hte nouv. d'hiver	1 95	2 25	2 60	3 »	3 50

Pèlerines pour tour de cou, tricot simple 3 90

— — — — double 4 90

— tricot simple 4 90

— — double 5 50

Fichus tricotés 1 60

— — supérieurs 1 95

Colliers en tricot 1 50

COMPTOIR DE GANTERIE EN TOUT GENRE.

Gants de peau.

Gants de Turin, brodés, 1 bouton (nuances claires
    exceptées) pour femmes. 1 45
— de Turin, extra, 2 boutons, toutes nuances,
    pour femmes. 1 95
— de Suède, 2 boutons, pour femmes. . . . 1 45
— de chevreau, 1 bouton, pour femmes, 1 fr.
    95 et 2 50
— de chevreau, 2 boutons, pour femmes. . . 2 75
     —   à manchettes,   — . . . 3 »
     —   — 1re qualité, pour
        femmes. . . . 4 75
— de Turin. . . . . pour hommes 1 95
— de Suède, extra . . . . .   — 2 50
— de chevreau, 1re qualité. .   — 2 75
—   —   piqués. . . .   — 3 »
— de peau de chien. . . . .   — 3 75
— de peau de daim. . . . .   — 4 25
— de castor . . . . pour femmes 1 25
—   piqué couleur. . . .   — 1 75
— sup^{rs}, à manchettes   — 2 25
—   poignets fantaisie .   — 2 75
—   nouveauté de la saison   — 3 50
— de castor, nouveauté de la saison, $supér^s$,
    pour femmes. 3 90
— de castor, nouveauté de la saison, fourrés
    soie, pour femmes 4 50

Gants de castor anglais . . . . . . pour hommes	1 25
— forts . . . . —	1 75
— piqué couleur, belle qualité, pour hommes.	2 25
— de castor, piqué couleur, supérieurs, pour hommes.	2 75
— de castor, fourrés soie, très-chauds, pour hommes.	3 75
— fil d'Écosse. . . . . pour femmes	» 75
— brodés couleur.. —	» 95
— à manchettes . . —	1 45
— fil perse unis très-fins. . . —	2 50
— fil perse avec manchettes (haute nouveauté) pour femmes.	2 75
— fil d'Écosse blanc à manchettes, p^r femmes.	1 90
— de soie noire et couleur, pour femmes . .	2 40
— de soie noire et couleur, à manchettes, pour femmes	2 75
— de soie noire et couleur, supérieurs, pour femmes	3 50
— fil d'Écosse couleur, pour hommes	» 75
— bonne qualité, pour hommes.	1 25
— fil perse, unis, très-fins. . —	2 50
— de soie noire et couleur. . —	4 50
— fil d'Écosse blancs, très-fins. —	2 25
— coton blanc . . . . —	» 75
— très-forts. . . —	1 50
— tricot, laine verte. . . . . —	» 75
— fil d'Écosse, fourrés laine . —	1 50
— drapés pour cochers.	1 60
— supérieurs, ...	1 90

Mitaines.

Mitaines laine noire.	» 65
— — fortes.	» 95
— — supérieures	1 25
— laine mérinos, à poignets	1 75
— laine cachemire.	2 25
— — très-fines, à manchettes.	2 75
— filoselle noire.	2 50
— — extra.	2 90
— soie noire et couleur.	3 25
— laine cachemire gris	1 75
— castor noir et couleur.	1 25
— — supérieures	2 50
— filet de Paris.	» 60
— — supérieures	1 25
— — brodées	1 60
— filet égyptien, très-fortes	2 50
— — tout soie.	2 90
— — — inusables.	3 50
— — — extra.	4 25

PARAPLUIES ET OMBRELLES.

Parapluies pour femmes.

Parapluies taffetas fort	6 75
Manches en os, bouts en cornaline.	7 50
Manches en bois, baleines anglaises	8 75
Manches fantaisie.	10 25
Manches riches, acier anglais	11 75
Taffetas cuit, véritables baleines	13 50
Manches sculptés, baleines supérieures	15 50
Manches jonc, poignets riches assortis	18 50

Parapluies pour hommes.

Parapluies taffetas fort 6 75
   Manches en os, bouts en cornaline. 7 50
   Manches en bois, baleines anglaises (grande
     taille). 9 50
   Manches fantaisie. 11 50
   Manches riches, acier anglais 12 75
   Taffetas cuit, véritables baleines 14 75
   Manches sculptés, baleines supérieures . . 16 75
   Manches jonc, poignets riches assortis. . . 20 50

Ombrelles.

Ombrelles taffetas, tringles acier 3 75
   —   — cuit, tringles dorées. 5 50
   —   — doublées 5 50
   —   —   — supérieures. 6 90
   —   — manches fantaisie 7 50
   — taffetas cuit, sup^{es}, haute nouveauté . . 9 75
   — moirées, manches riches 12 50
   —   — avec nouveau système 13 90
   — taffetas cuit, garnies de chénilles. . . 18 25
En-Cas en taffetas, avec tringles acier. 4 75
   —   —   — dorées 5 90
   — taffetas cuit. 6 90
   —   — grande taille, manches en bois. 8 25
   —   —   —   — sculptés. 11 25
Ombrelles coton, doublées. 2 75
   — percale, couleur. 1 25
   — alpaga, doublées, très-grandes. 8 25

COMPTOIR DE CHEMISES.

Chemises en bon Madapolam, à gros plis. 3 90

—   —   très-fortes. 4 75

—   —   extra 5 75

— en cretonne fine, à gros plis, très-belle qualité. 6 75

— en bon Madapolam, avec devant, col et poignets en piqué blanc. 4 90

— en bon Madapolam, à gros plis, devant, col et poignets en toile forte. 5 75

— en cretonne fine, à plis moyens, devant, cols et poignets en toile fine. 7 75

— en Madapolam, à petits plis, devant, col et poignets, en toile fine. 5 75

— en Madapolam, à petits plis, devant, col et poignets en toile fine, avec double piqûre. 6 75

— en Madapolam, à petits plis, devant, col et poignets en toile fine, avec double piqûre, extra fines 8 50

— en toile blanche forte, à gros plis. . .   7 75

— en toile blanche forte, à gros plis, avec devant, col et poignets plus fins. . .   7 75

— en toile blanche forte, à petits plis, avec devant, col et poignets plus fins. . .   7 75

— en toile blanche forte, extra, très-belles.   10 50

— en percale de couleur, grand teint. . .   5   »

— en belle percale d'Alsace, ce qui se fait de plus beau. 7 50

— de travail en toile de coton écru. . . .   4 75

Chemises de travail en toile de coton très-forte, demi-blanc. 5 75

— de nuit, pour hommes, forme simple, très-longues. 5 50

Chemises pour enfants, en bon Madapolam ·

A gros plis, suivant la taille, à 3 fr. 25 c., 3 fr. 75 c., 4 fr. et. 4 25

supérieures, 4 fr. 75 c., 5 fr., 5 fr. 25 c. et. 5 50

à petits plis, 4 fr. 75 c., 5 fr., 5 fr. 25 c. et. 5 50

Devants de chemises en coton :

A gros plis, à la main, 60, 75, 90 cent^es, 1 fr., 1 fr. 10 c. et. 1 30

à petits plis, à la main, 95, 1 fr. 10 c., 1 fr. 25 c., 1 fr. 40 c. et. 1 75

toile fine, petits plis, à la main, 1 fr. 25 c., 1 fr. 40 c., 1 fr. 75 c., 2 fr., 2 fr. 50 c. et. 3 »

en coton, pour enfants, petits plis, à la main. 1 10

en toile fine, pour enfants, petits plis, à la main. 1 50

Garnitures de chemises, pour montage ou raccommodage, cols et poignets piqués à l'avance. Les 36 pièces (soit 12 cols ou 24 poignets) :

En coton, triple avec piqûre simple. . . . . 9 »

en toile fine, triple avec piqûre simple. . 12 »

en coton, avec application, ou deux ganses. 15 »

toile fine, avec application, ou deux ganses. 18 »

Faux-cols triples en coton, rabattus, et droits :

Forme ancienne, la douzaine. . . . . 5 »

forme nouveauté, la douzaine . . . . 6 »

avec application, la douzaine. . . . . 8 »

GRAND CHOIX de **Chemises** de cérémonie, toutes formes de col, avec devants fantaisie, variés à l'infini et confectionnées avec beaucoup de soin.

Gilets flanelle lisse :

Tout laine, sans manches, en toute taille. .	3 45
belle qualité.	3 95
supérieurs.	4 75
extra fine.	5 75
flanelle forte, 0^m,80 de hauteur.	7 »
tout laine, demi-manches, en toute taille. .	5 »
— — extra-fine. . . .	7 50
flanelle forte, 0^m,80 de hauteur.	9 »
tout laine, avec manches longues, toute taille.	4 50
— belle qualité, —	5 75
— supérieure, —	7 »
— extra-fine, —	8 50
— flanelle forte, 0^m,80 de hauteur.	10 »
— flanelle fine avec piqûres, fantaisie.	12 »
— couleur, à manches longues. . .	6 90
— — extra très-longs.	8 90
pour enfants, à manches, suivant la taille,	
4 fr. 25 c., 4 fr. 50 c., 4 fr. 75 c. et.	»

Article exclusif du Tapis-Rouge.

Gilets flanelle irrétrécissable :

Très-belle flanelle, sans manches.	4 75
— demi-manches.	6 »
— manches longues. . . .	7
en flanelle extra, sans manches, façon sup^{re}.	7
— demi-manches, —	9 »
— manches longues —	10 »

Camisoles flanelle lisse, pour femmes :

Demi-manches 4 50

belle qualité . . . .   6 »

extra-fine, façon supérieure. 8 50

en belle flanelle lisse, avec manches longues.   5 75

camisoles-chemises, à coulisse, pour femmes.   5 75

Ceintures en flanelle, doubles :

Grandeur pour femmes. 4 50

—   pour hommes. . . . .   5 »

Chemises de flanelle pour :

Chasse et voyage. 7 75

belle qualité. 10 50

supérieures. . . . .   12 »

nouveauté de la saison. 13 50

extra, très-belle façon 13 50

façon avec ornements, pochettes, etc. . .   18 50

Caleçons pour hommes :

En toile de coton, mi-blanc. 4 75

en croisé, coton blanc.. . . . .   5 75

en toile forte, façon simple. 4 90

en toile fine, belle façon. . . . .   6 »

en toile extra,   —   bord à côtes. .   8 50

en flanelle forte, façon simple. 9 75

—   très-forte, belle façon. 13 50

Bretelles pour enfants, à 75 c. et. 1 25

—   —   supérieures, à 1 fr. 75 c. et.   2 25

—   pour hommes, à 95 c., 1 fr. 25 c. et.   1 75

—   —   supérieures, à 2 fr. 25 c.,
3 fr. et. 4 50

GRAND CHOIX de Bretelles, fantaisie, soie, tapisserie, etc.

Mesures nécessaires pour exécuter une commande.

Pour les *Chemises toutes faites :*

> La grosseur du cou, prise sur la personne, ou sur une autre chemise, du bouton à la boutonnière, et la longueur derrière.

Pour les *Gilets de flanelle :*

> La grosseur de la personne, prise sous les bras argement, et la longueur des manches.

Pour les *Caleçons :*

> La grosseur de ceinture, prise très-juste, et la hauteur totale sur le côté.

Pour les *Chemises de commande spéciale sur mesure, exécutées avec soin :*

> 1° La grosseur du tour du cou;
> 2° La grosseur sous les bras, prise juste;
> 3° La grosseur de ceinture, prise juste;
> 4° Longueur des bras, y compris le poignet;
> 5° Longueur totale derrière;
> 6° Les explications de forme.

NOTA. — Pour les chemises à exécuter sur mesure spéciale, il y a *un franc d'augmentation* sur les prix des chemises toutes faites, portées ci-dessus.

COMPTOIR

DE

FLANELLES POUR ROBES, TARTANELLES & JUPONS.

Des assortiments considérables en **Robes d'hiver** sont réunis à ce comptoir; l'article *pour bonnes œuvres* y est vendu (exceptionnellement) au prix coûtant.

Le rayon de Jupons, aujourd'hui d'une grande importance, réunit toutes les variétés possibles.

Flanelle pure laine, damiers et carreaux, bonne qualité :

Larg^r 1^m,05, à 2 fr. 45 c. et 2 60

—   belle qualité. 2 95

pure laine, nouveauté, qualité fine, larg^r 1^m,10. . . . . 3 75

pure laine, nouveauté, première qualité, larg^r 1^m,10 . . . . 4 75

Une affaire **Flanelle**, Tartan uni, tramée bout laine :

Larg^r 1 mètre 1 95

—   bonne qualité. 2 45

pure laine, bonne qualité, larg^r 1^m,05. . 2 95

—   qualité forte,   — 1^m,05. . 3 75

—   qualité extra-forte,— 1^m,20. . 4 75

Drap sultane et façonné, très-belle qualité :

Larg^r 1^m,30 . . . . 4 90

—   supérieur extra 5 90

Drap feutré, nouveauté, d'un usage parfait :

Largr 0m,80 . . . . 1 45
— bonne qualité. 1 95
— dispositions nouvelles, belle
  qualité. 2 45
— uni, bonne qualité. 1 45
— uni, bonne qualité forte. . . . 1 75
— uni, bonne qualité extra. . . 2 45

Tartanelle fantaisie, tramée laine, largr 0m,65 . . » 95
— bonne qualité, — 0m,65 . . 1 25
— belle qualité, — 0m,80 . . 1 45
— unie, croisée, tramée
  tout laine, — 0m,65 . . » 95
— unie, croisée, bonne
  qualité, — 0m,70 . . 1 45
— unie, croisée, belle qualité, — 0m,70 . . 1 95
— unie, croisée, très-belle
  qualité, — 0m,80 . . 2 45

Étoffes Milanaises pour Jupons.

Reps coton, rayé noir et blanc :
  Largr 0m,70c, le mètre . . . . » 95

UNE AFFAIRE AVANTAGEUSE en Reps tramé laine, rayures
  et carreaux, nouveauté, largr 0m,70 . . . . 1 25

Reps noir et blanc, supérieur,
  nouveauté, — 0m,70 . . . . 1 45

300 Pièces Reps noir et blanc :
  qualité extra, largr 0m,80c, le mètre. . . . 1 75

300 Pièces Reps noir et blanc :
  extra-supérieur, largr 0m,80 . . . . 1 95

Milanais rayé noir et blanc, tissé :

Largr 1 mètre 1 95
— supérieur 2 25
Twinés, carreaux et rayures, haute nouveauté, à 2 fr. 45 c. et 2 95
Carreaux et rayures, fond noir, satiné, la plus grande nouveauté de la saison, largr 1 mètre 3 75

Jupons Milanais.

Une affaire de 3,000 Jupons Milanais, à dispositions nouvelles, fond foncé, bordure haute nouveauté, largr $3^m,60$, d'une valeur de 8 fr. 50 c., à.   5 60

UNE GRANDE AFFAIRE de magnifiques Jupons Milanais, 4 lés, haute nouveauté de la saison, fond grisaille, carreaux, fond chiné foncé, bordures écossaises, bordures unies, etc.; le Jupon, valant au cours 18 francs, à 9 75

Une affaire de Jupons supérieurs, 4 lés, à 12 f. 50 c. et . . . .   15 »

NOUVEAUTÉ HORS LIGNE : Jupons Brésiliens . . . .   28 »

Moires.

Moire anglaise pour Jupons, noire et couleur :

Largr $0^m,60$ 1 75
supérieure, nuances fines, largr $0^m,65$ . . .   2 25
qualité extra, largr $0^m,70$ 2 75

COMPTOIR

D'INDIENNES, COTONNADES ET DOUBLURES.

Ces articles sont d'une importance très-grande dans notre maison. La condition essentielle pour leur succès étant de vendre *bon marché*, nous ne dirons que ceci : **Leur succès est complet !**

Indiennes et Percales.

Indienne Rouen, bon teint, bonne qualité, largr 0mr,70	» 85
— — belle qualité. —	» 95
— — nouveauté.. . —	1 10
— pour deuil. . . . . . . —	» 85
Percale de Mulhouse, belle qualité. . largr 0m,80	1 25
— nouveauté, qualité extra. . . —	1 40
— pour deuil, extra —	1 40
d'Alsace, nouveauté pour chemises, 85 c. et.	1 25
— belle qualité.	1 45
— extra-fine.	1 60

Choix considérable de Madras et Foulards de Rouen.

Cotonnades.

Cotonnade fantaisie, petit genre, pour tabliers d'enfant, largr 1 mètre, 1 fr. 25 c. et. 1 45

—	—	bon teint et bonne qualité, largeur 1 mètre.	1 75
—	—	sans apprêt, 1re qualité, largeur 1 mètre.	1 95
—	—	sans apprêt, 1re qualité, largr 1m,20, 2 fr. 30 c. et.	2 45
—	—	sans apprêt, extra, largr 1m,50	2 95

Retors rayé pour blouses, qualité ordinaire, largeur 0m,80. . . . . 1 15
— qualité ordinaire, largeur 1 mètre. . . 1 45
— bonne qualité, largeur 1 mètre. . . . 1 75
— qualité très-forte, à 1 fr. 95 c. et. . . 2 25
— qual. très-forte, largr 1m,20, 2fr.10c. et 2 30
— extra-forte. 2 45
— double retords. 2 95
Toile de Vichy, largr 0m,90. . . . . . . le mètre. 1 15
— bonne qualité, largr 0m,90, le mètre. 1 45
— extra, largr 1 mètre, 1 fr. 75 c. et 2 25

Doublures et Percalines de couleur.

Jaconas pour doublure, largr 0m,65, le mètre. . . » 60
— bonne qualité, largr 0m,70, le mètre. . . » 75
— sans apprêt, largr 0m,80, le mètre. . . . » 70
Croisé sans apprêt et glacé pour doublure :
Largeur 0m,80, le mètre. . . . . » 95
— bonne qualité, largr 0m,80, le mètre. . . . 1 05
— supérieur, largr 0m,90, le mètre. 1 25
Percaline sans apprêt et glacée :
— bonne qualité, largr 0m,80, le mètre. . » 85
— bonne qualité, largr 0m,90, le mètre. . » 95
— qualité fine, largeur 0m,90, le mètre. . 1 »

Percale glacée, toutes nuances :

- — bonne qualité, largeur $0^m,90$, le mètre. .   1 05
- — calandrée pour édredon, couleurs fines, largeur 1 mètre, le mètre. 1 40
- — calandrée pour édredon, couleurs fines, largeur $1^m,20$, le mètre. 1 60
- — calandrée pour édredon, belle qualité, largeur $1^m,20$, le mètre. 1 75
- — calandrée pour édredon, belle qualité, largeur $1^m,30$, le mètre. 1 95
- — calandrée pour édredon, qualité extra, largeur $1^m,30$, le mètre. 2 10
- — calandrée, glacée pour doublures de rideaux, le mètre $1^m,40$, le mètre. 1 95

Toutes ces qualités existent en noir pour tabliers d'enfant.

Finettes.

Finette grise, largeur $0^m,65$. . . . .   » 85
- — bonne qualité, largeur $0^m,65$. . .   1 05
- — qualité ordinaire, largeur $0^m,75$. .   » 95
- — blanche et écrue, largeur $0^m,75$. .   1 15
- — blanche et écrue, bonne qualité, largeur $0^m,80$. 1 40
- — blanche et écrue, double chaîne, largeur $0^m,80$. 1 75
- — blanche et écrue, qualité extra-forte, largeur $0^m,80$. 1 95
- — grise, blanche et écrue, très-belle qualité, largeur $0^m,80$. 2 25
- — grise, blanche et écrue, extra, double chaîne. 2 60

COMPTOIR DE MERCERIE.

Une Maison spéciale de mercerie et de rubans ne peut exister qu'en vendant cher ! Dans une Maison de nouveautés, la mercerie, toujours vendue *très-bon marché*, est une nécessité, jamais un bénéfice.

Aiguilles à coudre assorties, le cent, 35 c. et . . .	»	70
Sachets photographiques contenant un cent d'aiguilles anglaises supérieures	»	90
Aiguilles pour machines à coudre, la douzaine. . .	2	10
Agrafes blanches, le kilo.	4	»
— noires —	2	»
Anneaux noirs et blancs pour robes, le kilo. . . .	8	»
Agrafes sur ruban noir, blanc ou gris pour corsage de robes, le mètre.	»	45
Baleines supérieures sur 1 mètre de long, le kilo.	18	»
— des Indes, longueur de $0^m,10$ à $0^m,20$, le kilo.	10	»

Épingles anglaises blanches supérieures, la boîte :

	Grammes.	Prix.
Assortie de	25	» 35
—	50	» 65
—	75	» 95
—	100	1 25

Épingles anglaises noires, la boîte de 25 grammes.	»	35
— à cheveux, le paquet, 10 c. et	»	15
— — supérieures, le paquet, 20 c. et	»	25

Boutons.

Boutons d'os pour pantalons (petits), la grosse ou
12 douzaines. . . .   » 40

—   —   —   (grands), la grosse ou
12 douzaines. . . .   » 60

—   métal argentés pour pantalons (petits), la
grosse ou 12 douz.   » 85

—   —   pour pantalons (grands), la
grosse ou 12 douzaines.   » 95

—   métal vernis pour pantalons (petits), la
grosse ou 12 douzaines.   0 55

—   —   pour pantalons (grands), la
grosse ou 12 douzaines.   » 70

—   agate pour chemises, toutes grosseurs, la
grosse . . . .   » 15

—   nacre ordinaire pour chemises, la grosse.   1 10

—   anglais supérieur, la grosse, 1 fr. 40 c. et   1 70

Articles pour corset.

Baleines polies pour corset, le kilo. . . . .   18 »

Buscs acier pour corset, le busc. . . . .   » 40

—   à boutons de cuivre, le busc. . . . .   » 45

—   —   d'acier, le busc. . . . . . .   » 50

Bouteilles pour corset. 1 25

Agrafes acier pour corset, la douzaine. . . . . .   » 90

—   laiton   —   —   . . . . . .   » 50

Echelles pour corset, blanches, grises ou nankin,
l'échelle. . . . .   » 50

Lacets de filoselle pour corset, le mètre. . . . . .   » 05
  — mi-soie   —   — . . . . .   » 08
  — tout soie   —   — . . . . .   » 15
  — de fil rond, blancs ou gris, le mètre. . . .   » 05

Ressorts aciers pour corset, la pièce . . . .   » 15

Cotons à coudre et à tricoter.

Coton à coudre à la croix, C. B. la douzaine . .   » 50
  — à bâtir au marteau, la boîte de 10 pelotes.   » 80
  — algérien glacé, noir et blanc, la douzaine.   1 10
  — mouliné doublé pour repriser, la boîte assortie de 12 pelotes. 1 20
  — blanc à tricoter, la pelote. . . . .   » 40
  — écru   —   — . . . .   » 35
  — plat blanc à repriser, la poignée . . . . .   » 30
  — plat couleur   —   — . . . . .   » 35
  — à broder à la croix la douzaine . . . . . .   1 »
  — rouge à marquer, la boîte de 16 pelotes . .   » 40
Cordonnet fil d'Irlande pour crochet C. B. à la croix :
  La boîte nº 5 par 10 pelotes 3 fr. 25 c.
                (la pelote 25 gr.)   » 35

—	10	—	3 fr. 40	—	» 35
—	15	—	3 50	—	» 40
—	20	—	3 75	—	» 40
—	25	—	4 25	—	» 45
—	30	—	4 50	—	» 50
—	40	—	4 60	—	» 50
—	50	—	4 75	—	» 50

Fils.

Fil noir supérieur, par 40 tours, la douzaine. . .   » 50

— toutes couleurs par 30 tours,   —   . . .   » 50

— plat blanc et bis, la poignée. . . . .   » 35

— au tambour blanc, noir et couleurs assorties par 48 pelotes. 3 25

— Alsace D.M.C. la douzaine. 1 75

—   —   la boîte de 2 douzaines. . . .   3 40

— Écosse noir, blanc et couleur, le paquet . . .   » 20

— Irlande noir ou blanc,   —   . . .   » 85

—   —   la bobine de 600 mètres.   » 65

anglais extra, la boîte assortie de 12 bobines, blanc, noir, ou couleurs assorties, au lieu de 1 fr. 40   » 75

Soies à coudre.

Soie noire floche, supérieure, le gramme . . . .   » 08

— couleurs ordinaires,   —   . . . .   » 09

— nuances fines,   —   . . . .   » 13

— ponceau et cerise,   —   . . . .   » 18

Cordonnet noir, le gramme . . . .   » 08

— blanc et couleur, le gramme. . . . . . .   » 09

— nuances fines,   —   . . . . . .   » 13

— ponceau et cerise,   —   . . . . . .   » 18

Spécialité de soie pour machines à coudre :

noire,   le gramme. . . .   » 05

blanche et couleurs ordinaires —   . . . .   » 06

nuances fines,   —   . . . .   » 08

Caoutchouc et crinoline.

Caoutchouc soie blanc et noire.

Gommes.	4	6	8	10	12
Le mètre . . .	» 15	» 20	» 25	» 35	» 40

— gris et blanc pour épaulettes de corset, le ^{m}.   » 45

— gris, noir, blanc, p^r ceinture de jupons, — 0 50

Crinoline noire et blanche pour bas de robe :

Largeur	$0^m,10$	$0^m,12$	$0^m,15$	$0^m,18$	$0^m,20$	$0^m,25$
Le mètre. . .	» 25	» 30	» 40	» 45	0 50	» 60

Crinoline grande largeur, le mètre . . . . 2 40 et 2 75

— noire, blanche ou grisaille, le mètre. . 1 35

Retors blanc, noir et couleur.
Rubans de laine.

Rubans fil et coton pour baleines (les pièces par 11 mètres) :

Numéros.	3	3/12
Le paquet de 12 pièces.	3 10	3 30

— fil et coton pour taille (les pièces par 9 mètres) :

Numéros.	12	14
Le paquet de 8 pièces.	4 45	4 85

— coton croisé bleu et noir (la pièce par 22 mètres) :

Numéros. . . .	40	50	60	80
La pièce. . .	0 95	1 10	1 20	1 50

— croisé coton blanc et gris, coutil pour corset
    (la pièce par 11 mètres) :

Numéros.	4	5	6	8	10	12	14
La pièce.	» 30	» 35	» 45	» 50	» 65	» 85	1 05

Rubans croisé laine, noir et couleur (la pièce par 12 mètres) :

Numéros	1	2	3	4	5	6
La pièce......	» 55	» 65	» 80	1 »	1 15	1 50

Les pièces ponceau et groseille n'ont que 9 mètres.

Spécialité de **Boutons** et de **Galons** en tous genres pour Tailleurs.

Tresses pour Robes et Confections.
Lacets et Soutaches.

Tresse alpaga supérieure pour bas de robes, toutes couleurs, la pièce par 25 mètres. 1 80

     Les pièces nuances fines n'ont que 20 mètres.

—   écossaise pʳ bas de robes, la pièce par 20 mèt.   2 10

—   —   pour garnitures de jupons (largeur, 3 centimètres), le mètre.   » 40

—   alpaga, noire supérieure, pour bas de robes, la pièce par 25 mètres :

Numéros.........	61	69	77
La pièce	1 80	2 10	2 40

Mêmes numéros, les pièces par 100 mètres fixes :

Numéros	61	69	77
Largeur.	1 cent.	1 cent. 1/4	1 cent. 1/2
La pièce de 100 mètres .	6 85	7 90	9 20

—   soie couleur pour bas de robes, la pièce par 25 mètres.   4 75

—   — nuances fines   —   la pièce par 19 mètres.   4 75

—   soie noire pour border les robes, la pièce par 25 mètres . . . 2 95, 3 50, 4 et   4 75

Lacet de laine pour chamarrure, en toutes couleurs,
la pièce par 25 mètres. » 35

— — — nuances fines,
la pièce par 19 mètres. » 35

— de soie noire pour bottines, la douzaine. . » 65

— de tresse en soie noire. . — . . 1 25

— de coton blanc et noir, la pièce par 10 mètres :

Numéros.	2	3	4	5	6	8	10	12
Le paquet de 12 pièces.	» 70	» 90	1 10	1 50	1 90	2 50	3 25	3 90

Ganse perlée toutes nuances pour tirettes de robes,
la pièce. » 60

— — fine en soie noire, la pièce par 35 mèt. 1 20

— — — moyenne, — 1 50

— — — grosse, — 2 »

Soutache laine noire, la pièce par 34 mètres . . » 60

— — couleur, — — . . » 95

— — nuances fines — 28 mètres . . » 95

— soie noire, la pièce par 34 mètres. . . 1 10

— — couleur, — 40 — . . . 1 80

— — nuances fines, la pièce, par 30 mètres. 1 80

Laines et tapisserie.

Laine à tapisserie, supér°, noire et blanche, le kilo. 18 »

— — couleurs ordinaires — 18 »

— — — fines — 20 »

— anglaise supérieure pour capelines, noire et
blanche, le kilo. . . . . 18 »

— anglaise supérieure pour capelines, couleurs
ordinaires, le kilo. . . . . 20 »

Laine anglaise supérieure pour capelines, couleurs
fines, 22 fr., et surfines. . . . . 24 »

— à tricoter, noire, blanche, grise et cachou,
la pelote. . . . . » 35

— mousse, toutes nuances assorties, la pelote. » 30

Grand choix de Pantoufles non remplies, depuis 1 fr.
90 c., jusqu'à. 7 50

— de Pantoufles remplies, depuis 5 fr. 50 c.,
jusqu'à. . . . . 12 »

— de Tabourets, à 1 fr. 25 c. et. . . . 1 45

Canevas Pénélope pour tapisserie, le mètre. . . . 1 50

ARTICLES DE PARIS.

Boutons, boucles, jarretières, etc.

Choix magnifique de Boucles hautes, dites Régentes,
pour ceintures, en acier, dorées, oxydées,
vieil argent, émaillées, argentées et en
jais, depuis 1 fr. 25 c. jusqu'à. . . . . 7 »

Ces boucles sont sur 5, 6, 7, 10 et 16 cent. de hauteur.

Beau choix de Boucles acier, depuis. . . . . . . » 25

Bel assortiment de Boutons doubles pour manchettes,
à 25 c., 50 c., 75 c., 1 fr. et. 1 25

Jarretières, tissu soie toutes couleurs, la paire 65° et » 95

—   —   riches, 1 fr. 60 c. et. . . . 2 »

Filets.

Filets invisibles soie noire. . . . . » 40

—   —   toutes couleurs . . . . » 55

—   —   très-fins (noirs) . . . . » 90

— en lacet soie noire . . . . » 65

—   —   à mailles serrées. . . . 1 25

Grand assortiment de **Filets** chenille noire ou couleur, depuis 1 25
—   de **Filets** invisibles à perles en
toutes couleurs, depuis . . .   1 45

Acier pour Jupons.

Ressorts acier galvanisé, à fermoir, pour jupons :
par garnitures de 4 rangs. 2 40
—   5 — . . . .   3 »
—   6 — 3 60
—   7 — 4 20
— acier bleu couvert, pour jupons, par garniture graduée de 4, 5, 6 et 7 rangs,
le rang vaut. . . . .   » 90
— acier bleu couvert, le mètre. . . » 08 et » 10
—   — (la pièce de 50 mètres) le kilo.   3 25

Albums photographiques.

Albums photographiques à griffes pour 50 cartes (article
de 6 francs) à. 1 95
GRAND CHOIX d'albums riches pour 50, 100, 120 et 200
cartes.

Sacs en cuir.

Sacs en cuir pour dames et enfants, avec fermoir acier :

Longueur	$0^m,14$	$0^m,17$	$0^m,20$	$0^m,23$	$0^m,25$	$0^m,28$
Le sac	3 50	4 »	4 75	5 50	6 25	7 »

Sacs avec fermoir acier, couvert en cuir :

Longueur	$0^m,17$	$0^m,20$	$0^m,23$	$0^m,25$	$0^m,28$
Le sac	5 50	6 »	6 75	7 75	8 75

Grand choix de peignes en tous genres.

Assortiment d'Épingles Impératrice, pour chapeaux, la
pièce. . . » 20
—   —   —   à boules . » 40

Rubans soie unis et façonnés.

Rubans taffetas noir uni pour cordons de tabliers, la pièce
par 12 mètres :

Numéros......	1	1 1/2	3	4	5	6	7	9	12
La pièce ...	» 80	1 10	1 60	2 25	2 75	3 50	4 50	5 90	7 25

Rubans taffetas noir cuit, pour chapeaux, n° 30, le m.   » 95

— extra —   —   —   —   1 35

Rubans taffetas noir extra-fort, n° 60, ou 14 centimètres de largeur, pour ceintures longues,
article de 2 fr. 50, le mètre à. 1 95

— écossais, n° 80 ou 18 centimètres de largeur,
pour ceintures longues, article de 7 fr.,
le mètre. 3 50

GRAND CHOIX de haute nouveauté en rubans écossais
quadrillés et brochés.

Rubans couleurs unies, n° 30, pour chapeaux, le
mètre . . . . » 95

— nuances fines, le mètre. 1 05

Tarif des rubans taffetas cuit extra-fort en toutes couleurs pour bonnets et chapeaux.

N°.	Largeur.	Le mètre.	Nuances fines.
	0^m,01 1/2	0^f 25	0^f 30
4	0^m,02	0 35	0 40
5	0^m,03	0 45	0 50
9	0^m,05	0 70	0 75
12	0^m,07	0 90	1 »
16	0^m,08	1 »	1 15
22	0^m,10	1 35	1 45
30	0^m,11	1 60	1 75

Tarif des rubans taffetas noir cuit extra, très-brillant, pour bonnets, chapeaux et ceintures longues.

N°.	Largeur.	Le mètre.
3	0^m,01 1/2	0^f 25
4	0^m,02	0 35
5	0^m,03	0 45
7	0^m,04 1/2	0 55
9	0^m,05	0 65
12	0^m,07	0 75
16	0^m,08	1 »
22	0^m,10	1 35
30	0^m,11	1 45
60	0^m,14	1 95
80	0^m,17	2 95

Rubans taffetas noir et couleur, la pièce par 10 mètres :

N°.	La pièce.
4	2 fr. 15
5	2 85

La pièce par 12 mètres en noir seulement :

N°.	La pièce
4	2 fr. 50
5	3 60

Rubans noirs pour ruches, la pièce par 11 mètres :

N°.	La pièce.
3	1 fr. »
4	1 25

Ruches noires pour garniture de robes :

N°.	Le mètre.
4	0 fr. 35
5	0 45

Rubans taffetas noir et blanc pour tours de tête, la pièce. . . . . » 45

— noir et blanc n° 1, pour bonnets, la pièce par 10 mètres. . . . . » 65

— noir, extra-fort, soie à border, la pièce par 10 mètres. . . . . . » 80

— couleur, extra-fort, soie à border, la pièce par 10 mètres. . . . . » 90

— nuances fines, par 9 mètres . . . » 90

— extra-fort, grége, noir et couleur, la pièce par 10 mètres. . . . . » 60

— extra-fort, grége, nuances fines, la pièce par 9 mètres . . . . . . » 60

Rubans faveurs, toutes couleurs, la pièce de 9 mètres (nuances fines exceptées). . . . .   » 50

SOLDE IMPORTANT de **rubans** brochés n° 30, en
toutes nuances (article de 3 fr.), le mètre.   » 95

— de façonnés n°s 16 et 12 (article de 1 fr. 25)
le mètre. . . . .   » 45

Ceintures.

Gros grain noir tout soie, large, pour Boucles Régentes :

Largeur.	Le mètre.
0m,05	2f 25
0m,06	2 90
0m,07	3 25
0m,10	4 75

Gros grain pour ceinture, noir et couleur, la ceinture
de 0m,80 de longueur. . . . .   » 80

Ceintures longues Impératrice avec franges :
en taffetas noir, n° 30 (art. de 6 fr.), le mèt.   3 50
— cuit brillant, n° 30, 8 — .   5 50
—   —   60, 10 — .   7 »
—   —   80, 18 — .   12 »

Ceintures suissesses en taffetas noir, à 1 pointe. .   2 40
—   —   à 2 pointes .   2 90

GRAND ASSORTIMENT de suissesses avec passementerie, à
1 pointe et 2 pointes, et de ceintures suissesses en
velours.

Ceintures relève-jupes, grises, blanches ou noires :
4 branches, 2 f. 45; 6 branches, 3 f.; 8 branches, 4 f. 25.

Velours.

Velours soie noir fin, en bande, par 12 mètres :

N°.	Largeur.	La pièce.
4	0^m,00 1/2	0^f 95
8	0^m,007	1 10
12	0^m,01	1 35
20	0^m,01 1/2	2 20
40	0^m,02	3 05
60	0^m,02 1/2	3 75
80	0^m,03	4 50
100	0^m,04	5 55

Velours extra-fin, la pièce par 12 mètres :

N°.	Largeur.	La pièce.
4	0^m,00 1/2	1^f 20
8	0^m,007	1 45
12	0^m,01	1 70
20	0^m,01 1/2	2 85
40	0^m,02	4 »
60	0^m,02 1/2	4 75
80	0^m,03	5 95
100	0^m,04	7 25

Velours fin anglais pour bas de jupons :

N°.	Largeur.	Le mètre.
200	0^m,09	0^f 45
300	0^m,12	0 60
400	0^m,14	0 90

Velours fin anglais, la pièce par 10 mètres :

N°.	Largeur.	La pièce.
4	0^m,00 1/2	0^f 50
10	0^m,008	0 60
16	0^m,01	0 75
30	0^m,01 1/2	0 90
60	0^m,02 1/2	1 40
80	0^m,03	1 75
100	0^m,04	2 10

Velours extra-fin pure soie pour ceintures longues,
    largeur 14 centimètres, le mètre 3 25

GRAND ASSORTIMENT de velours couleurs, en toutes
    largeurs.

Veloutines pour bonnets, la pièce par 5^m,50 . . .   » 25
— nuances fines — 5^m,00 . . .   » 25
— toutes couleurs — 10^m,00 . . .   » 75
— nuances fines — 9^m,00 . . .   » 75
— extra — 10^m,00 . . .   1 05
— nuances fines — 9^m,00 . . .   1 05

FABRIQUE DE PASSEMENTERIE ET BOUTONS

Boutons.

Boutons brodés, noirs et couleurs (pour corsage),
    la douzaine. . . . .   » 60
— noirs passementerie, brodés de jais, la
    douzaine. . . . . .   . 0 70, 0 85 et   1 »
— passementerie, brodés de jais (pour con-
    fections), la douz. 1 10, 1 25, 1 40 et   1 60

Boutons taffetas, brodés de jais (pour corsage), la
douzaine . . . . « 60 et   » 75
—   taffetas unis (pour corsage), la douzaine.   » 25
—   —   —   la grosse. .   2 50
—   gros grain   —   la douzaine.   » 30
—   —   —   la grosse. .   2 90
—   velours noir tout soie, en toutes grosseurs.
—   —   grosseur pour corsage :
       la douzaine. . . . .   » 35
       la grosse. 3 45

Passementerie.

Brandebourgs, passementerie pour confections, la
pièce, depuis. . . . .   » 60
—   tout soie, au crochet, depuis. . .   1 25
Cordelières noires, en soie, long^r 2^m,50, la pièce
depuis. . . . .   » 50
Bouts de frange, à pointes, pour ceintures longues,
la paire. . . . .   2 »
Chenilles, grosse, couleur, le mètre. . . . . . .   » 40
—   —   couleurs fines, le mètre. . . .   » 45
—   moyenne, couleurs ordinaires, le mètre.   » 30
—   —   couleurs fines, le mètre. . .   » 35
—   fine,   la pièce par 10 mètres. . . .   1 25
Motifs, passementerie, brodés jais, avec pendeloques pour jockeys, parements, poches et
garnitures de bas de jupes, la pièce au
lieu de 1 fr. 50 c., à. . . . .   » 75
     la douzaine. 8 50

Parures brodées de jais, à pendeloques, composées de deux jockeys et de deux parements, au lieu de 7 francs.   3 95

—   riches, brodées de jais, à pendeloques, haute nouveauté, parements et jockeys; articles de 10 fr. à 5 fr. 90 c. et articles de 15 fr. à 8 fr. 50 c.

GRAND CHOIX de **Parures** riches, tout soie, à pendeloques, depuis. . . . .   10 »

BEL ASSORTIMENT de **Passementerie**, haute nouveauté, noire et couleur, depuis 0 fr. 20 c. le mètre.

Passementerie jais à grelots, article de 1 fr. le mètre. . . . .   » 60

—   avec boules soie, article de 1 f. 75 c., le mètre. 1 20

—   brodée de jais, avec pendeloques, article de 2 fr. 40 c., à. 1 85

Cache-points brodés de jais, le mètre 0 fr. 20 c., 0 fr. 25 c., 0 fr. 30 c. et au-dessus.

CHOIX CONSIDÉRABLE de **Passementeries** noires unies et brodées de jais, haute nouveauté.

Nota. — On se charge de toutes les commandes de passementerie couleur au mètre, de jockeys, parements et ganses perlées pour bas de robes, ainsi que des boutons assortis aux garnitures.

COMPTOIR

DE

VÊTEMENTS CONFECTIONNÉS ET DE DRAPERIE.

C'est en 1846 que cette spécialité a été montée dans les magasins du **Tapis-Rouge**. Beaucoup de maisons depuis ont suivi son exemple, et c'est à peu près la seule qui, loin d'abandonner cet article si difficile à bien faire, l'ait porté au plus haut degré de prospérité qu'il soit donné d'atteindre, grâce à la *perfection*, à la *qualité* et à l'extrême *bon marché* de ses produits.

Quel est le chasseur qui ne connaît pas ces vêtements complets, en velours anglais, à 29 francs ? Quels sont les parents qui ignorent que, pour 24 francs, ils peuvent habiller leur fils le jour de sa première communion?

Par suite du succès croissant de ce rayon et des agrandissements considérables exécutés par ce Comptoir, nous venons de créer une annexe spéciale pour les enfants.

Vêtements d'hommes.

Pardessus ratine bleue ou marron, envers écossais,
valeur réelle 80 francs, à . . . . 45 »

Jaquette anglaise, ratine bleue ou marron. . . . 49 »

— ratine bleue ou marron, doublée, satin de Chine. . . . 49 »

Dorsay articulé noir, doublé en satin de Chine et
ouaté. 39 »

— façonné, gris foncé et autres fantaisies
d'Elbeuf. . . . . 39 »

Pardessus ratine bleu foncé, ouatée et doublée
satin de Chine . . . . 39 »

Dorsay castor noir ouaté, doublure satin de Chine. 39 »

Paletot en édredon, col de velours, ouaté et bien
doublé. . . . . 48 »

Pardessus frisé, bleu et marron, belle doublure,
col en velours, manches doublées en soie. 65 »

Beau Pardessus d'hiver, en façonné noir ou couleur. 70 »

Riche Pardessus, en toutes nuances, belle façon,
étoffe de premier choix, se vendant partout
120 fr. à 130 francs, à. . . . . 90 »

Mac-Farlann, double face. . . . . 45 »

— — nouveauté riche. . 59 »

Habit, drap noir Sedan. . . . . 60 »

— — entièrement doublé en
soie. . . . . 75 »

Redingote, drap noir Sedan. . . . . 40 »

— — — . . . . 50 »

— — — doublée soie. . . 50 »

— drap fin, entièrement doublée soie. . 75 »

Veston, drap mélangé. . . . . 16 »

— molleton, pour bureaux, avec bordure
noire ou fantaisie. . . . . 13 »

— molleton, pour bureaux, avec bordure
noire ou fantaisie. . . . . 15 »

Veston molleton, pour bureaux, avec bordure
    noire ou fantaisie. . . . . 18 »
—   drap fantaisie. . . . . 22 »
—   —   . . . . 25 »
—   —   extra. . . . . 29 »
Pantalon, satin noir. . . . . 18 »
—   —   . . . . 22 »
—   —   . . . . 25 »
—   —   . . . . 28 »
—   —   . . . . 30 »
—   en drap d'hiver. . . . . 11 »
—   —   . . . . 13 »
—   —   . . . . 15 »
—   nouveauté d'Elbeuf. . . . . 18 »
—   —   . . . . 21 »
—   —   . . . . 23 »
—   —   . . . . 25 »
—   —   . . . . 31 »
—   haute nouveauté, se vendant chez les
    tailleurs 45 et 50 francs, à . . . . . 35 »
Gilet en drap d'hiver. . . . . 6 »
—   —   . . . . 8 »
—   drap, nouveauté d'Elbeuf. . . . . 9 »
—   —   —   . . . . 11 »
—   ratine bleue . . . . 14 »
—   nouveauté fantaisie . . . . 9 »
—   —   . . . . 13 »
—   —   . . . . 15 »
—   —   haute nouveauté . . . . 18 »
—   velours soie noire. . . . . 22 »

Gilet soie noire . . . . 15 »
— soie noire . . . . 18 »
— casimir noir . . . . 11 »
— casimir noir . . . . 13 »
— piqué blanc. . . . . 10 »
— velours soie, fantaisie . . . . 15 »
— velours soie, fantaisie riche. . . . . 18 »
— velours soie, haute nouveauté. . . . . 21 »

Spécialité pour la Chasse.

Vêtement complet en velours côtelé, toutes nuances :
Jaquette. ⎫
Pantalon. ⎬ Le costume complet. . . . . 29 »
Gilet. ⎭

Vêtement complet en toile grise, havane ou bleue :
Veston porte-carnier. ⎫
Pantalon. ⎬ Le costume complet. 29 »
Gilet. ⎭

Vêtement de voyage en drap spécial :
Jaquette anglaise. ⎫
Pantalon. ⎬ Le costume complet. . . 55 »
Gilet. ⎭

Vêtements de Communion.

Veste anglaise en drap noir. ⎫
Pentalon coutil blanc. ⎬ Le vêtement com-
Gilet en piqué blanc. ⎬ plet. . . . . . . 21 »
Une paire de gants. ⎭
Cabans pour hommes, depuis . . . . 12 »

Vêtements de chambre.

Robe de chambre, laine, ouatée. . . . . 15 »
     —   —   supérieure . . . . 19 »
     —   drap de Paris . . . . 22 »
Robe de chambre, doublée laine . . . . 25 »
     —   tartan, doublée laine. . . . . 29 »
     —   tartan, doublée laine, supérieure 35 »
Robe de chambre, belle qualité . . . . 38 »
     —   extra. . . . . 43 »
Coin de feu, laine, ouaté . . . . 12 »
     —   —   . . . . 15 »
     —   —   . . . . 19 »
     —   —   doublé laine . . . . . 22 »
     —   en tartan. . . . . 25 »
     —   en mérinos. . . . . 25 »
     —   en drap . . . . 29 »
     —   en drap . . . . 32 »
Pantalon à coulisse en flanelle grise, doublée
finette. . . . . 12 »

Vêtements d'Enfants.

Pardessus velours de laine, toutes nuances, longr
     totale 0m,55 à 0m,65 . . . . 15 »
     —   velours de laine, toutes nuances, longr
     totale 0m,65 à 0m,75 . . . . 20 »
     —   ratine bleue et marron, envers écossais,
     longr totale 0m,50 à 0m,60 . . . . 19 »
     —   ratine bleue et marron, envers écossais,
     longr totale 0m,60 à 0m,70 . . . . . 25 »

Vêtements complets en drap fantaisie d'Elbeuf :

    Taille totale de l'enfant, 1 mètre, le complet.   19   »

    — $1^m,10$, le complet.   22   »

    — $1^m,15$, le complet.   25   »

Vêtements, qualité supérieure :

    Le complet à 22 fr., 25 fr. et   29   »

Vêtements complets pour collégiens :

    Tunique drap bleu . . . .

    Pantalon cuir-laine bleu,   Le vêtement complet   45   »

    Gilet drap bleu, bouton-

       nant jusqu'en haut....

Cabans de collégien, chaudement doublés avec ca-

    puchon, selon la taille, de 19 fr. à.   29   »

Blouses d'écolier en reps gris, bonne qualité :

    Pour un enfant de la taille totale de $1^m,00$, la blouse.   6   »

    —   — $1^m,10$,   —   7 50

    —   — $1^m,20$,   —   8 50

Nota. Les mêmes tailles existent en tartanelle, en drap gris foncé et autres genres solides.

Beau choix de **Vêtements** d'enfants de 2 à 4 ans, avec variation très-grande dans le choix des modèles.

Assortiment de **Mac-farlanns** pour enfants et jeunes gens.

Mesures nécessaires pour faire exécuter une commande d'habillements.

Paletot
- 1° Longueur totale en s'arrêtant à la taille.
- 2° Écarrure de l'écarrure du coude et du coude au poignet.
- 3° Grosseur sous les bras, prise sur le gilet.
- 4° Grosseur de la taille.

Pantalon
- 1° Longueur de la ceinture à la semelle de la chaussure.
- 2° Longueur de l'entre-jambe.
- 3° Largeur de la ceinture au-dessus des hanches.

Gilet
- 1° Longueur du milieu du col à l'extrémité du devant.
- 2° Grosseur de la poitrine prise sous les bras.
- 3° Grosseur de la taille.

Nota. Les prix des vêtements fixés sur le Catalogue seront augmentés de 2 fr. pour les pantalons, 2 fr. pour les gilets et 5 fr. pour les paletots, redingotes, etc., pour toute taille dépassant un mètre à la ceinture.

COMPTOIR DE DRAPERIE

Et de Flanelle de santé, Couvertures et Molletons, etc.

Nouveautés pour pantalon, le mètre, 6 fr. 75 c., 8 fr. 75 c . et 9 70

— d'Elbeuf, le mètre, 10 fr. 50 c., 12 fr. 75 c. et. 13 75

— d'Elbeuf, belle qualité, le mètre, 14 fr. 50 c., 15 fr. 75 c. et. . . . . . .   17 »

— d'Elbeuf riche, le mètre, 19 fr. et. .   21 »

Drap noir Sedan, largr 1m,40, 8 fr. 50 c., 9 fr. 75 c. et   11 50

— Sedan fin, largr 1m,40, 13 fr. 75 c., 16 fr. et   17 50

— Sedan extra-fin, largr 1m,40, 19 fr., 21 fr. et   22 »

Drap bleu, largeur 1m,40, 8 fr. 50 c., 11 fr., 13 fr. 50 c., 16 fr. et. . . . .   18 »

Satin noir, largr 0m,75, 5 fr. 90 c., 6 fr. 75 c. et   8 »

— fin, largr 0m,75, 8 fr. 75 c., 9 fr. 50 c. et   11 75

Casimir noir pour gilets, largeur 0m,74 . . . . . .   10 »

Articulé noir pour vêtements, largr 1m,30 5 fr. 75 c. et   7 »

— pour vêtements, bonne qualité, 8 fr. 50 c. et . . . .   11 »

— pour vêtements, qualité fine, largeur 1m,35, 13 fr. et 14 50

— pour vêtements, extra-fin, largr 1m,35, 15 fr. 75 c. et. . . . .   17 »

Castor noir, largeur 1m,35, 6 fr. 75 c. et 7 50

— fin, largr 1m,35, 9 fr. 50 c., 11 fr. 50 c. et   13 »

— extra-fin, largr 1m,35, 14 fr. 75 c. et.   16 50

Édredon noir, largeur 1ᵐ,40, 18 fr., 20 fr. et . .   22   »

  —   bleu,   —   20 fr. et   22   •

Velours laine fantaisie, largʳ 1ᵐ,35, 6 fr. 75 c.,
        8 fr. 50 c. et.   11   •

  —   Montagnac, largeur 1ᵐ,35, 13 fr. 50 c.,
        14 fr. 75 c . et 16 50

  —   Montagnac, largʳ 1ᵐ,35, haute nouveauté,
        18 fr. 50 c., 19 fr. 75 c. et   21   »

Ondulé bleu et marron, largeur 1ᵐ,35, 13 fr. 16 fr.
        50 c. et   18   »

Velours de coton pour vêtements d'hommes, lar-
        geur 0ᵐ,70. . . . .   2 25

  —   —   pour vêtements d'hommes, lar-
        geur, 0ᵐ,70, bonne qualité. .   2 90

  —   extra-fort, pour vêtements d'hommes, lar-
        geur 0ᵐ,70 . . . .   3 75

  —   anglais (grosse côte), largeur 0ᵐ,70. . .   4 75

Beau **Velours** noir anglais, largeur 0ᵐ,70 . . . . .   8 75

Nouveauté pour Gilets.

Piqué blanc pour gilets, le devant par 0ᵐ,70. .   4 50

Façonné de soie noire,   —   . .   6   »

  —   —   fantaisie,   —   . .   6   »

Gros grain de soie,   —   . .   9   •

  —   —   fantaisie,   —   . .   9   »

Reps impérial,   —   . .   11   •

Velours de soie noire,   —   . .   10 50

  —   —   pure soie bon teint, —   . .   13   »

  —   —   extra bon teint,   —   . .   15   »

Velours de soie fantaisie, —	..	10 »
— — — belle qual. —	..	13 »
— — — nouv. riche —	..	16 »
Nouveauté laine et soie, —	..	4 »
— — —	..	6 »
— — haute nouv. —	..	8 »
Nouveauté exclusive, —	..	11 »

Molleton.

Molleton laine grise, largeur 0^m,68.		1 75
— — noire, — 1^m,30.		2 95
— — — — —		3 50
— — — Ségovie, —		4 25
— laine mérinos pour jupons.		5 75
— bleu — largeur 1^m,30		2 95
— — —		3 50
— — —		4 25
— — —		5 50
— blanc, pure laine, largeur 0^m,65.		2 75
— — — —		3 50
— — — Ségovie.		4 25
— — laine mérinos		5 75
— laine, bleu de France, largeur 0^m,65.		2 90
— — violet, —	..	3 75
— — ponceau, —	..	3 50
— — marron, —	..	2 90
Beau molleton sans lisières, pour langes, larg. 0^m,70	»	»
— laine bien blanche.		6 »

Flanelles de santé.

Flanelle blanche, largeur 0^m,60 . . . .   1 25

—   — 0^m,65 . . . . 1 45 et   1 75

—   — 0^m,68 . . . .   1 90

—   — 0^m,70, belle qual. 2 25 et   2 45

Flanelle de santé décatie. . 2 90, 3 25, 3 90 et   4 25

— mousseline, largeur 0^m,70 . . . .   2 75

— casimir,   — 2 90

— molleton pour jupons. 3 25

—   — dite peau de mouton, larg. 0^m,72.   5 25

— croisée, largeur 0^m,60 . . . .   1 45

—   — 0^m,65 . . . .   1 75

—   — 0^m,68 . . . . 1 90 et   2 25

—   — 0^m,70 . 2 75, 3 25 et   3 75

—   — 0^m,70 extra. 4 25

— ponceau, largeur 0^m,63 . . . .   1 45

— violette,   — 1 45

— bleue,   — 1 45

— groseille,   — 1 45

— Magenta,   — 1 45

— ponceau, largeur 0^m,70 . 1 90, 2 40 et   2 75

—   —   — extra. 3 25 et   3 75

Les nuances Solférino, Magenta, bleue, violette
sont aux mêmes prix.

Flanelles pour chemises.

Flanelle écossaise, largeur 0^m,70	de 2 45 à . .	3 50
— rayures, —	de 2 45 à . .	3 50
— damier bleu et blanc . .	de 2 45 à . .	3 25
— — noir et blanc . .	de 2 75 à . .	3 50

TARIFS :

Tarif des Couvertures, Langes et Berceaux de coton.

N°°	Longueur.		Largeur.		PRIX			
					Longue soie.	1re qualité.	2e qualité.	3e qualité.
	m.	c.	m.	c.	fr. c.	fr. c.	fr. c.	fr. c.
Blanches.								
50	1	80	1		13 »	12 »	10 50	»
55	1	95	1	50	15 »	13 50	12 50	8 50
60	2	10	1	65	18 »	16 50	14 50	10 50
65	2	25	1	80	21 75	19 »	16 25	12 50
70	2	40	1	95	25 50	22 50	19 »	14 50
75	2	55	2	10	29 25	26 »	22 50	17 »
80	2	70	2	25	34 »	31 »	26 »	»
85	2	85	2	40	40 »	34 50	»	»
90	3	»	2	55	46 »	»	»	»
Grises (CABRI).								
45	1	70	1	15	»	2 45	»	»
50	1	80	1	35	»	3 75	»	»
55	1	95	1	50	»	4 50	»	»
60	2	10	1	65	»	5 50	»	»
65	2	25	1	80	»	6 50	»	»
70	2	40	1	95	»	7 50	»	»
75	2	55	2	10	»	8 75	»	»
80	2	70	2	25	»		»	»
Langes.								
»	»	75	»	60	»	»	»	1 45
»	»	80	»	68	»	2 10	2 »	1 75
Berceaux.								
30	1	15	»	85	6 50	»	»	»
35	1	30	1	»	8 50	»	»	»
40	1	45	1	15	10 50	»	»	»
45	1	60	1	25	12 25	»	»	»

Tarif des Couvertures, Langes et Berceaux de laine.

COUVERTURES DE LAINE.

Points.	Longueur.		Largeur.		PRIX										
					Ordin.		Bel ordin.		1/2 fin.		Fin.		Surfin.		Mérinos.
	m.	c.	m.	c.	fr.	c.	fr.	c.	fr.	c.	fr.	c.	fr.	c.	fr.	c.
Blanches.																
4	1	95	1	50	13	50	16	50	17	50	»		»		»	
5	2	10	1	65	16	25	18	50	19	50	22	75	»		»	
6	2	25	1	80	19	»	20	75	22	»	25	50	»		»	
7	2	40	1	95	21	50	23	50	25	50	29	»	32	»	»	
8	2	55	2	10	25	»	26	50	28	50	33	»	36	50	43	»
9	2	70	2	25	»		29	50	31	25	36	»	40	»	47	»
10	2	85	2	40	»		32	50	37	»	40	»	44	»	52	»
11	3	»	2	55	»		»		»		44	»	49	»	57	»
12	3	15	2	70	»		»		»		49	»	54	»	64	»
13	3	30	2	75	»		»		»		»		62	»	72	»
Vertes.																
4	1	95	1	50	13	50	15	50	»		»		»		»	
5	2	10	1	65	15	»	17	»	18	50	»		»		»	
6	2	25	1	80	17	»	19	»	21	»	»		»		»	
7	2	40	1	95	»		21	»	23	50	26	75	»		»	
8	2	55	2	10	»		»		26	»	29	25	32	50	»	
9	2	70	2	25	»		»		30	»	32	50	36	50	38	»
10	2	85	2	40	»		»		34	»	37	»	40	»	41	50
11	3	»	2	55	»		»		»		40	»	45	»	46	»
Langes.																
	»	80	»	68	2	75	3	20	3	50	3	90	» —		»	
Berceaux.																
5	1	05	»	80	4	25	5	»	»		»		»		»	
6	1	15	»	90	5	»	6	»	6	75	6	75	»		»	
8	1	25	1	»	»		6	75	8	»	8	75	»		»	
10	1	40	1	15	»		»		»		11	50	»		»	

GRAND CHOIX de Couvertures pour chevaux et voyages.

PARIS. — IMPRIMERIE CENTRALE DE NAPOLÉON CHAIX ET Cᵉ, RUE BERGÈRE, 20. — 0394

PARIS. — IMPRIMERIE DE NAPOLÉON CHAIX ET Cᵉ, RUE BERGÈRE, 20. — 9388